编委会

主　　编：马慧玲

副 主 编：吴　昕

执行主编：马家媛

编　　委：包耀新　张玮玲

　　　　　季　妍　雷　侃

　　　　　李　勇　董　川

　　　　　冯小媛　吴亚娟

　　　　　张欣蕊

【宁夏非物质文化遗产保护与研究系列丛书】

宁夏非物质文化遗产项目代表性传承人名录

宁夏非物质文化遗产保护中心 编

黄河出版传媒集团
宁夏人民教育出版社

图书在版编目(CIP)数据

宁夏非物质文化遗产项目代表性传承人名录 / 宁夏非物质文化遗产保护中心编. -- 银川：宁夏人民教育出版社, 2017.12

（宁夏非物质文化遗产保护与研究系列丛书）

ISBN 978-7-5544-2530-5

Ⅰ.①宁… Ⅱ.①宁… Ⅲ.①民间艺人—人名录—宁夏—现代 Ⅳ.①K825.7-61

中国版本图书馆CIP数据核字（2017）第326731号

宁夏非物质文化遗产保护与研究系列丛书
宁夏非物质文化遗产项目代表性传承人名录
NINGXIA FEIWUZHI WENHUA YICHAN XIANGMU DAIBIAOXING CHUANCHENGREN MINGLU
宁夏非物质文化遗产保护中心　编

责任编辑　李亚慧　贾珊珊
责任校对　虎雅琼
封面设计　伊　青
责任印制　殷　戈

黄河出版传媒集团
宁夏人民教育出版社　出版发行

地　　址	宁夏银川市北京东路139号出版大厦（750001）
网　　址	http://www.yrpubm.com
网上书店	http://www.hh-book.com
电子信箱	jiaoyushe@yrpubm.com
邮购电话	0951-5014284
经　　销	全国新华书店
印刷装订	宁夏银报智能印刷科技有限公司
印刷委托书号	（宁）0007679

开本	889 mm×1194 mm　1/16
印张	14.25　　　字数　216千字
印数	1000册
版次	2017年12月第1版
印次	2018年10月第1次印刷
书号	ISBN 978-7-5544-2530-5
定价	48.00元

版权所有　侵权必究

前　言

中华文化浩瀚精深，源远流长。作为中华文明绵延不绝最为生动的见证，非物质文化遗产以其多姿多彩的表现形式体现着中华民族非凡的智慧和伟大的创造力。宁夏的传统文化灿若星辰，千百年来，勤劳智慧的宁夏人民将这些优秀的民间艺术代代传承，从封闭走向开放、从传统走向兼容并蓄，并随着时代的发展融入到当下生活中，让现代文明与千年古韵交相辉映，焕发勃勃生机。作为非物质文化遗产的传递者，非遗传承人所传承的不仅是智慧、技艺和文化基因，更重要的是一代代先民们的文化记忆和生命情感。

非物质文化遗产是无形的，是以人为载体的，它的拥有者、储藏者存在于民间，是他们传递着非物质文化遗产的薪火，一旦失去传承人，那些依靠口授和行为传承的文化遗产随即消失。截至2018年5月，在我国已公布的五批国家级非遗传承人中，去世人数已高达12.6%，全社会都需要增加一种"等不及""伤不起"的紧迫感和使命感，只有抢救性的普查、科学认定以及切实有效的保护传承人，才是保护我们身边优秀传统文化的关键。

2008年国家文化部通过并发布了《国家级传承人认定与管理暂行办法》，依据此办法，各省、自治区、直辖市评选、推荐了国家级项目的传承人。自此，"传承人"成了荣誉与责任的象征，民间的草根精英，得到了社会的普遍尊重。在此基础上，宁夏地区普查、认定、保护传承人工作有序开展。截至2017年6月，宁夏回族自治区文化厅共评定了四批自治区级非物质文化遗产代表性传承人176名，第一批25人，第二批62人，第三批56人，第四批33人。其中22名被国家文化部认定为国家级非物质文化遗产项目代表性传承人。传承人的平均年龄在50岁以上。其中张炜（剪纸项目自治区级传承人）、马生林（回族山花儿项目国家级传承人）、王玉秀（民间绘画项目自治区级传承人）、张进绪（皮影项目自治区级传承人）、张明星（回族山花儿项目国家级传承人）、魏世祥（魏氏砖雕项目自治区级传承人）、刘名滋（中宁刘庙狮子项目自治区级传承人）、冯琴花（刺绣项目自治区级传承人）、陈公东（宁夏小曲项目自治区级传承人）、史录仁（皮影项目自治区级传承人）、杨栖鹤（杨氏家族泥塑国家级传承人）、马兰花（回族民间器乐口弦项目国家级传承人）、田志梅（刺绣项目自治区级传承人）13人已经去世。这些人作为宁夏优秀传统文化的重要承载者和传递者，他们刻苦钻研，以令人惊叹的技能和才艺，传承着老祖宗留下的文化瑰宝，他们的名字不只是被记录在纸上，还要镌刻在人们的心上。

  在自治区文化厅的领导下，自治区非物质文化遗产保护中心于2012年出版了《宁夏非物质文化遗产名录》，此次我们将其中自治区级传承人的内容重新修订编纂，新增第三、四批自治区级传承人图文介绍，并另行成书，与《宁夏非物质文化遗产项目名录（增补本）》相互呼应，构成完整体系，集中展示近年来宁夏非物质文化遗产保护工作成果。本书传承人排列顺序以国家级传承人为先，自治区级传承人紧续其后，国家级传承人以文化部（文化和旅游部）公布序号排列，区级传承人按照自治区文化厅公布名单先后为序。内容以图文相互印证的编排方式，让读者简明扼要地了解宁夏非遗资源，认识这些文化遗产的薪传者，鞭策非遗工作者并唤醒民众，不忘初心，牢记使命，以坚定的文化自信，保护、传承、弘扬好中华民族优秀传统文化，让这些古老而优秀的文化在宁夏大地上焕发出夺目的光辉。

《宁夏非物质文化遗产项目代表性传承人名录》编委会
二〇一八年六月

目 录 CONTENTS

宁夏国家级非物质文化遗产项目代表性传承人名录

传统音乐·回族山花儿 / 马生林 ………………………………………… 2
传统音乐·回族山花儿 / 张明星 ………………………………………… 4
传统音乐·回族山花儿 / 马汉东 ………………………………………… 6
传统音乐·回族山花儿 / 王德勤 ………………………………………… 8
传统音乐·回族民间器乐 / 马兰花 ……………………………………… 10
传统音乐·回族民间器乐 / 杨达吾德 …………………………………… 12
传统音乐·回族民间器乐 / 安宇歌 ……………………………………… 14
传统音乐·北武当庙寺庙音乐 / 徐建业 ………………………………… 16
传统美术·剪纸 / 田彦兰 ………………………………………………… 18
传统美术·剪纸 / 伏兆娥 ………………………………………………… 20
传统美术·砖雕 / 马风章 ………………………………………………… 22
传统美术·砖雕 / 卜文俊 ………………………………………………… 24
传统美术·杨氏家族泥塑 / 杨栖鹤 ……………………………………… 26
传统美术·杨氏家族泥塑 / 杨佳年 ……………………………………… 28
传统技艺·贺兰砚制作技艺 / 闫森林 …………………………………… 30
传统技艺·二毛皮制作技艺 / 丁和平 …………………………………… 32
传统技艺·二毛皮制作技艺 / 丁跃成 …………………………………… 34
传统医药·回族汤瓶八诊疗法 / 杨华祥 ………………………………… 36
传统医药·张氏回医正骨疗法 / 张宝玉 ………………………………… 38
传统医药·陈氏回族医技十法 / 陈卫川 ………………………………… 40
民俗·高台马社火 / 梁尔墩 ……………………………………………… 42
民俗·同心莲花山青苗水会 / 张庆明 …………………………………… 44

宁夏第一批自治区级非物质文化遗产项目代表性传承人名录

传统音乐·回族山花儿/李凤莲 …………………………………… 48
传统音乐·回族山花儿/马学辉 …………………………………… 49
传统戏剧·皮影/张进绪 ……………………………………………… 50
传统体育、游艺与杂技·回族踏脚/马荣堂 ……………………… 51
传统体育、游艺与杂技·何家棍/何建功 ………………………… 52
传统美术·民间绘画/王洪喜 ……………………………………… 53
传统美术·民间绘画/靳守恭 ……………………………………… 54
传统美术·剪纸/张 炜 ……………………………………………… 55
传统美术·刺绣/虎凤英 …………………………………………… 56
传统美术·刺绣/冯琴花 …………………………………………… 57
传统美术·刺绣/赵桂琴 …………………………………………… 58
传统技艺·草编/吴丽霞 …………………………………………… 59
传统医药·张氏回医正骨疗法/张金东 …………………………… 60

宁夏第二批自治区级非物质文化遗产项目代表性传承人名录

传统音乐·回族山花儿/吕秀峰 …………………………………… 62
传统音乐·回族山花儿/马成福 …………………………………… 63
传统音乐·回族山花儿/张建军 …………………………………… 64
传统音乐·回族山花儿/赵福朝 …………………………………… 65
传统音乐·回族山花儿/杨登清 …………………………………… 66
传统音乐·回族山花儿/杨生旺 …………………………………… 67
传统音乐·回族山花儿/罗发军 …………………………………… 68
传统音乐·回族山花儿/妥 艳 …………………………………… 69
传统音乐·回族山花儿/马占昌 …………………………………… 70
传统音乐·回族山花儿/马少云 …………………………………… 71
传统音乐·回族山花儿/冶春英 …………………………………… 72
传统音乐·回族民间器乐/景国孝 ………………………………… 73

传统音乐·回族民间器乐 / 马义珍	74
传统音乐·回族民间器乐 / 丁生林	75
传统音乐·回族民间器乐 / 温生科	76
传统音乐·马鞍山甘露寺佛教音乐 / 释耀正	77
传统舞蹈·舞狮 / 潘登基	78
传统舞蹈·舞狮 / 刘名滋	79
传统舞蹈·舞龙 / 霍继良	80
传统戏剧·皮影 / 安维汉	81
传统戏剧·皮影 / 谢克选	82
传统戏剧·皮影 / 史录仁	83
曲艺·宁夏小曲 / 徐明智	84
传统体育、游艺与杂技·回族踏脚 / 李光辉	85
传统体育、游艺与杂技·何家棍 / 何金德	86
传统体育、游艺与杂技·打梭 / 李成林	87
传统体育、游艺与杂技·张家枪 / 张洪安	88
传统体育、游艺与杂技·鱼尾剑 / 王　梁	89
传统体育、游艺与杂技·杂技《飞叉》/ 张树林	90
传统美术·木雕 / 杨志中	91
传统美术·民间绘画 / 王玉秀	92
传统美术·民间绘画 / 杨晓梅	93
传统美术·剪纸 / 洪秀梅	94
传统美术·剪纸 / 周国霞	95
传统美术·剪纸 / 伏兆凤	96
传统美术·剪纸 / 伏兆苗	97
传统美术·刺绣 / 姚占桂	98
传统美术·刺绣 / 王淑萍	99
传统美术·刺绣 / 田志梅	100
传统美术·杨氏家族泥塑 / 杨贤龙	101
传统美术·砖雕 / 魏世祥	102
传统美术·隆德民间社火脸谱 / 苏维童	103
传统技艺·老毛手抓羊肉制作技艺 / 毛　强	104

传统技艺·羊皮筏子制作技艺/高　勇 ················· 105
传统技艺·羊羔酒酿造技艺/唐世俊 ················· 106
传统技艺·贺兰砚制作技艺/陈梅荣 ················· 107
传统技艺·擀毡/杨志堂 ················· 108
传统技艺·擀毡/王玉成 ················· 109
传统医药·回族汤瓶八诊疗法/刘旭晨 ················· 110
传统医药·张氏回医正骨疗法/张金海 ················· 111
民俗·高台马社火/党国智 ················· 112
民俗·回族服饰/杨发祥 ················· 113
民俗·六盘山九龙莲花池祭祀民俗/陈连科 ················· 114
民俗·隆德民间祭山/张忠智 ················· 115
民俗·中卫香山水会/张万宝 ················· 116

宁夏第三批自治区级非物质文化遗产项目代表性传承人名录

民间文学·平罗民间故事/张跃政 ················· 118
民间文学·西吉春官词/王汉军 ················· 119
传统音乐·回族山花儿/唐　祥 ················· 120
传统音乐·回族山花儿/杨生财 ················· 121
传统音乐·回族山花儿/张正国 ················· 122
传统音乐·回族山花儿/撒丽娜 ················· 123
传统音乐·回族山花儿/金文忠 ················· 124
传统音乐·回族山花儿/马学军 ················· 125
传统音乐·回族山花儿/王德贤 ················· 126
传统音乐·回族山花儿/马志学 ················· 127
传统音乐·回族山花儿/马得荣 ················· 128
传统音乐·回族山花儿/张　滢 ················· 129
传统音乐·回族民间器乐/何生兰 ················· 130
传统舞蹈·舞狮/李丰春 ················· 131
传统舞蹈·舞狮/张正洪 ················· 132
传统舞蹈·舞狮/魏　银 ················· 133

传统舞蹈·舞龙 / 朱兴龙	134
传统舞蹈·隋唐秧歌 / 蒋汉清	135
传统舞蹈·黄羊钱鞭 / 刘秉国	136
传统舞蹈·高跷 / 辛昌盛	137
传统戏剧·皮影 / 王绍西	138
传统戏剧·秦腔 / 杜学明	139
曲艺·宁夏小曲 / 陈公东	140
传统体育、游艺与杂技·魔术《仙人摘豆》/ 杨国强	141
传统体育、游艺与杂技·回族杨氏拳 / 杨文玺	142
传统体育、游艺与杂技·回族踏脚 / 马军文	143
传统体育、游艺与杂技·方棋 / 马金玉	144
传统体育、游艺与杂技·泾源回族"赶牛" / 于明付	145
传统美术·剪纸 / 折红旭	146
传统美术·剪纸 / 赵玉梅	147
传统美术·剪纸 / 王宪苓	148
传统美术·剪纸 / 井春霞	149
传统美术·剪纸 / 田宝林	150
传统美术·剪纸 / 陆梦蝶	151
传统美术·剪纸 / 张淑芳	152
传统美术·剪纸 / 兰元宝	153
传统美术·剪纸 / 王生贵	154
传统美术·剪纸 / 于福琴	155
传统美术·剪纸 / 张金霞	156
传统美术·刺绣 / 于包包	157
传统美术·刺绣 / 李凤琴	158
传统美术·刺绣 / 赵秀霞	159
传统美术·刺绣 / 卢惠琴	160
传统美术·刺绣 / 刘成香	161
传统美术·刺绣 / 卜喜兰	162
传统美术·六盘山木版年画 / 任振斌	163
传统美术·民间绘画 / 吕具生	164

传统技艺·二毛皮制作技艺 / 马志强 ········· 165
传统技艺·二毛皮制作技艺 / 周永红 ········· 166
传统技艺·六盘山抟土瓦塑 / 朱小平 ········· 167
传统医药·传统制剂 / 马颂华 ········· 168
民俗·高台马社火 / 张国勤 ········· 169

宁夏第四批自治区级非物质文化遗产项目代表性传承人名录

民间文学·平罗民间故事 / 高尚忠 ········· 172
民间文学·泾源回族民间故事 / 于清海 ········· 173
传统音乐·回族山花儿 / 李海军 ········· 174
传统音乐·回族山花儿 / 禹明江 ········· 175
传统音乐·回族山花儿 / 苏正合 ········· 176
传统舞蹈·舞狮 / 魏学祥 ········· 177
传统舞蹈·黄羊钱鞭 / 刘加祥 ········· 178
传统戏剧·皮影 / 魏善义 ········· 179
曲艺·石嘴山宣卷 / 杨汝清 ········· 180
传统体育、游艺与杂技·南营武术 / 牛银侠 ········· 181
传统美术·六盘山木版年画 / 任晓辉 ········· 182
传统美术·剪纸 / 张云仙 ········· 183
传统美术·刺绣 / 李夏音 ········· 184
传统美术·刺绣 / 赵秀兰 ········· 185
传统美术·民间绘画 / 田　坤 ········· 186
传统美术·砖雕 / 田义仁 ········· 187
传统美术·王氏泥塑 / 王永红 ········· 188
传统美术·泥塑 / 侯思荣 ········· 189
传统美术·杨氏家族泥塑 / 杨贤雄 ········· 190
传统美术·古建筑彩绘技艺 / 陈进德 ········· 191
传统美术·赵氏木板雕花 / 赵　荣 ········· 192
传统技艺·贺兰砚制作技艺 / 张向东 ········· 193
传统技艺·贺兰砚制作技艺 / 石　飚 ········· 194

传统技艺·贺兰砚制作技艺 / 郝延强 ·········· 195
传统技艺·羊羔酒酿造技艺 / 唐　震 ·········· 196
传统技艺·麻编 / 张　璟 ·········· 197
传统技艺·花灯扎制技艺 / 王国祥 ·········· 198
传统技艺·中宁蒿籽面制作技艺 / 于振玲 ·········· 199
传统技艺·枸杞传统栽培技术 / 张伟中 ·········· 200
传统技艺·原州民间古建筑技艺 / 崔　仁 ·········· 201
传统医药·陈氏回族医技十法 / 陈　堃 ·········· 202
民俗·高台马社火 / 郭　锐 ·········· 203
民俗·高台马社火 / 梁鸽飞 ·········· 204

附　录

宁夏回族自治区文化厅文件
关于公布第二批自治区级非物质文化遗产项目代表性传承人的通知 ·········· 205
宁夏回族自治区文化厅文件
关于公布第三批自治区级非物质文化遗产项目代表性传承人的通知 ·········· 210
自治区文化厅关于公布第四批自治区级非物质文化遗产项目代表性传承人的通知
·········· 214

后　记 ·········· 217

宁夏国家级非物质文化遗产项目代表性传承人名录

马生林 传统音乐·回族山花儿

马生林，东乡族，1942年出生，宁夏中卫市海原县人。他自幼跟随父亲学唱花儿。他的嗓音高亢、洪亮，真假声转换流畅自然，唱的花儿朴实，有浓郁的乡土气息，给人以清新委婉的美感。他一生中演唱了上百首花儿及民间小调，深受当地群众欢迎，代表作品《牛佬佬调》《黑猫儿窝在锅台上》《尕妹妹就在大门上站》等山花儿曲目令人百听不厌。

1980年以来，他连续三次在宁夏回族自治区举办的民歌（花儿）歌会上获优秀歌手奖。20世纪80年代由他演唱的几十首花儿被选入《中国民间歌曲集成·宁夏卷》，在此次采编过程中他是宁夏地区贡献最大的歌手之一。1998年参加西部十二省区民歌（花儿）邀请赛荣获特别奖。2004年在北京举办的"宁夏文化周·花儿美艺术讲座"中他作为宁夏山花儿知名演唱家，为清华大学、北京大学、中央音乐学院师生示范表演，深受欢迎和好评。

2008年被认定为国家级非物质文化遗产项目代表性传承人。2009年8月去世。

张明星　传统音乐·回族山花儿

张明星，回族，1940年出生，宁夏固原市原州区人。他自幼喜爱民间音乐，7岁起随本村三老伯和马如录等"唱家子"学唱小调、花儿。同时，不断向其他艺人虚心学习，广泛积累和丰富了自己的演唱曲目和演唱特色。多才多艺的他还能演唱眉户剧和秦腔，并擅长演奏泥哇呜、竹咪咪等民间乐器。他经过多年的磨炼形成了高亢、粗犷、豪迈，富有乡土气息和生活情趣的演唱风格，最大特色是能即兴自编自唱，各种演出活动中常有他自编自唱的花儿小调。

1964年8月，他作为宁夏代表团的演员之一参加了全国少数民族群众业余艺术汇演，受到毛泽东、刘少奇、周恩来等党和国家领导人的亲切接见。演出后，长春电影制片厂拍摄了电影《朵朵葵花向太阳》，由他主唱的宁夏数花也被录制于片中，并在全国公映。20世纪80年代，他为《中国民间歌曲集成·宁夏卷》《中国民间歌谣集成·宁夏卷》提供了大量翔实的一手资料。

2009年被认定为国家级非物质文化遗产项目代表性传承人。2012年6月去世。

马汉东 传统音乐·回族山花儿

马汉东，回族，1962年出生，宁夏中卫市海原县人。他自幼酷爱花儿艺术，1980年以来在西吉县文工团、海原县花儿艺术团、海原县文化馆等单位从事山花儿的创作、研究、教学、演唱等相关工作。他的声音高亢、清脆而不失圆润和厚重，以抒情见长。曾参加全国各类文化活动，积累了丰富的演出经验，加之本人的钻研，在山花儿的演唱、研究等方面取得了一定的成绩。

他能够演唱传统花儿曲目100余首，自编自创花儿曲目60首，主要代表曲目有《上去高山望平川》《园子里长着绿韭菜》《阿妈的盖碗茶》《吆骡子》《黑猫窝在锅台上》《尕老汉》《回汉携手创辉煌》《新世纪赶上个新规划》《漫起花儿唱起歌》《拉夜川》《阿哥的眼泪》等。1985年至1988年参与了《中国民间歌曲集成·宁夏卷》采编工作，为当地的民族民间文化传承、保护、发展作出了积极贡献。

2018年被认定为国家级非物质文化遗产项目代表性传承人。

王德勤 传统音乐·回族山花儿

王德勤，1953年出生，宁夏吴忠市人。她自幼喜爱唱歌，1980年被赛丽麦·安妮选中，跟随其学习花儿演唱，同时师从老花儿歌手马生林，学习花儿的各种调令。她演唱的形式大多是从高亢的引子开始，中间过门配以口弦，把口弦与花儿巧妙地结合起来，使宁夏山花儿更具独特魅力。

她演唱的花儿、民歌有36首被收入《中国民间歌曲集成·宁夏卷》。近年来多次参加CCTV15《民歌·中国》、CCTV7《乡土》《乡约》、CCTV3《神州大舞台》《激情广场》《塞上花儿红》等栏目的演出活动，为全国观众展示宁夏花儿艺术。多年来通过不断学习探索，她不仅将花儿和口弦艺术多次带上国内外舞台，同时长期活跃在宁夏的乡村、社区、学校进行演出和教学，带出了杨宝林、王美申、郑炎卓、赵红艳、纪琳琳等多个徒弟。

2018年被认定为国家级非物质文化遗产项目代表性传承人。

马兰花

传统音乐·回族民间器乐

马兰花，回族，1936年出生，宁夏银川市灵武人。其父母马金贵、吴秀英夫妇早年跟老手工艺人学会制作口弦，为养家糊口边弹边卖。她家制作的口弦广为乡邻所喜爱。马氏家族的孩子在父亲的影响下都对制作、弹奏口弦颇有兴趣，其中数大姐马兰花的弹奏技巧最好。马兰花6岁开始跟随父亲学弹口弦，虽然没有系统的音乐知识，但所弹曲目无论是自创的还是传统的，都节奏鲜明、曲调抑扬，具有自己特殊的风格。70多年来，她每天一有闲暇，便会弹上一曲，用这种简单小巧的民间乐器叙述心事，传情达意，排遣忧愁。

近年来，在当地文化部门的支持下，马兰花老人将身边的姐妹、妯娌以及邻居发动起来，成立了口弦演奏小组，成员有12名。经过不断的培训和练习，演奏小组的老人们都弹得有模有样，多次被邀请在区内展演，演出的代表作品有《驼铃》《廊檐滴水》等。

2008年被认定为国家级非物质文化遗产项目代表性传承人。2017年12月去世。

杨达吾德

传统音乐·回族民间器乐

　　杨达吾德，回族，1965年出生，宁夏石嘴山市平罗县人。他自幼传承了父辈泥哇呜（扁豆哇呜、牛头哇呜等）的制作及演奏技艺。1994年在宁夏平罗县渠口乡自建"锅头窑"，进行泥哇呜的烧制和研发，开始小批量生产。

　　泥哇呜在宁夏民间广泛流传，多为手工捏制而成，存在造型简陋、耐久性差、音域难以满足正规演奏要求等缺陷。经过他多年的摸索和研制，改良烧制后的泥哇呜更易吹奏、耐久性更强、造型及音色更加优美，成为宁夏特色旅游工艺品。他同时研制出了双腔体及多腔体泥哇呜，音域能够拓宽到两个八度，可以作为专业乐器进行推广。他还独创了泥哇呜复模制作技术，由其手工做出模具，雕刻花纹，一个成型的母模可以翻制70多次，既保持了手工制作的核心技术，又实现了小规模生产。

　　近年来，在各级文化部门的帮助下，他建立了回族乐器坊，编印了《泥哇呜演奏入门教材》，将制作的泥哇呜带进中小学音乐课堂，使更多的宁夏地区的青少年认识和掌握了泥哇呜这一民族民间乐器。

　　2009年被认定为国家级非物质文化遗产项目代表性传承人。

传统音乐·回族民间器乐

安宇歌

安宇歌，回族，1957年出生，宁夏银川市人。她5岁起跟随母亲塞里麦·安妮学习口弦弹奏，十几岁时已基本掌握了竹、铁口弦的弹奏技巧，并更加深入地学习了口弦制作技艺。随后，在"上山下乡"期间向当地回族妇女们学习口弦，掌握了更多的传统口弦曲、令。工作后，先后在铁路、工厂、文化馆担任文化辅导员，从那时起就经常活跃在各类舞台上，向国内外展示口弦艺术，颇受好评，被誉为"口弦皇后"。

她是宁夏全面掌握竹、铁两种口弦演奏及制作技艺的代表性艺人，近年来，主要致力于口弦弹奏、制作、研究和传承工作。在保持民间艺术风格的基础上，制作了多种形状、材质的口弦，获得三项国家级专利、三项版权，并建立了小型的口弦展示厅，2012年编著出版了《宁夏回族口弦》。

2018年被认定为国家级非物质文化遗产项目代表性传承人。

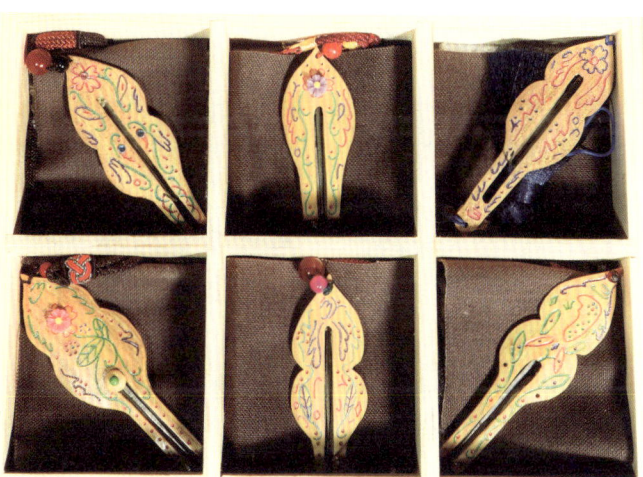

徐建业 传统音乐·北武当庙寺庙音乐

徐建业，1942年出生，宁夏石嘴山市平罗县人。法名续西，是佛教临济宗岔岔派第二十五代传人，北武当庙佛教音乐"渣渣子"的主要传承人。1953年，他皈依佛教，在寺中开始学习佛经及佛教音乐。为了挽救和保存佛教文化，1972年与高僧释续早法师历尽艰辛在贺兰县寻找到精通佛教音乐的寂念法师，将寂念法师能够回忆起来的300余首曲谱用简谱记录下来。现宁夏北武当庙的佛教吹、唱、赞曲目，大多都是徐建业记谱保存并传承传播下来的。他还熟知平罗县民间音乐状况，擅长演奏民族乐器二胡、板胡、扬琴、笛子、箫及佛教打击乐等。1958年曾创作笛子独奏曲《山林溪流》《乘走村路》《麦场春秋》等。

20世纪80年代，徐建业协助宁夏回族自治区群艺馆收集、整理了文艺集成志书中佛教音乐曲牌、词牌60余首，收集宁夏民间古乐曲牌30余首。他还收集、保存了多份珍贵的北武当庙佛教音乐"渣渣子"曲谱、佛教音乐书籍以及钟、磬、铙、钹等法器。

2009年被认定为国家级非物质文化遗产项目代表性传承人。

传统美术·剪纸

田彦兰

田彦兰，回族，1978年出生，宁夏吴忠市同心县人。外祖母阿依莎·尕氏为晚清宫廷御用女红，到田彦兰母亲时，已经传承了四代人百余年了。田彦兰5岁时跟随母亲学剪纸，10岁便掌握了娴熟的剪纸技艺，先后在吴忠师范美术专业、宁夏大学美术系、南京大学民间剪纸高级研修班学习深造。她的剪纸作品构图富有生命的活力和现代感，剪工细腻、线条流畅，简洁洗练，题材多反映回族人物和生活，盖碗、汤瓶等元素以精美的构图出现在她的作品中，具有鲜明的特色。

1997年至今，她先后在吴忠、银川等地举办剪纸个人展，剪纸作品获国内外大奖40余项。曾多次代表宁夏剪纸艺人赴阿联酋、塞舌尔、澳大利亚、埃及、俄罗斯等10多个国家推广剪纸。先后成立了剪纸研究保护中心、剪纸艺术馆、剪纸合作社，为挖掘、整理、传承、研发宁夏剪纸作出了积极贡献。

2018年被认定为国家级非物质文化遗产项目代表性传承人。

传统美术·剪纸

伏兆娥

伏兆娥，1960年出生，宁夏中卫市海原县人。宁夏一级工艺美术大师。她5岁起随母亲学剪窗花，随后几十年来一直坚持剪纸，剪纸成为其终生的事业及追求。1981年《宁夏日报》《宁夏画报》专版介绍了她的剪纸作品。1998年应张贤亮邀请在镇北堡西部影视城开设"伏兆娥剪纸工作室"，一边现场为游客剪纸，一边宣传宁夏民间剪纸、培养传人，并逐渐练就了快速剪肖像的绝活。她的作品既有年画、农民画的质朴与浑厚，也有漫画的夸张、变形、象征等特点，被联合国教科文组织授予"中国民间艺术家"称号。

1997年、2016年她两次举办"伏兆娥剪纸作品展"，先后出版了《伏兆娥剪纸》《怎样学剪纸》《中国当代剪纸传承大师丛书·伏兆娥剪纸》等著作。自2000年至今共获国家级、区级以上奖项60余项，参加了上海世博会、文博会等展演活动，多次出访日本、毛里求斯、老挝等国进行剪纸文化交流。

2018年被认定为国家级非物质文化遗产项目代表性传承人。

宁夏国家级非物质文化遗产项目代表性传承人名录

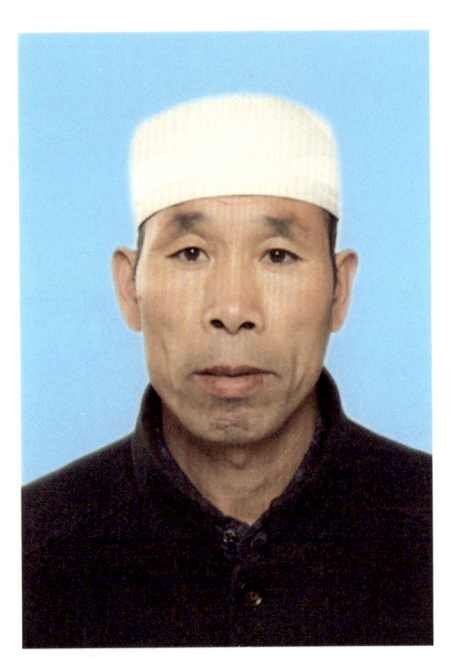

传统美术·砖雕

马风章

马风章，回族，1966年出生，宁夏固原市西吉县人。他19岁开始随甘肃临夏拜玉良学习砖雕、石雕，经多年潜心学习，雕工精湛且独具特色。其作品题材新颖，精致细腻，多以圆雕、半圆雕突出主题，以浮雕相衬。他善于吸收中国画的各种技巧，寄情于景，情景交融，构图严谨，造型生动，具有鲜明的风格特点，显示了较高的创作智慧和精湛的艺术技巧。

他的作品广泛见于宁夏及周边地区的各类回族建筑中。自20世纪90年代起，先后在甘肃兰州、固原、海原主持修建了多处大型砖雕工程，主要作品有《海水朝阳》《百鸟朝凤》《迎客松》《四季图》《丝绸之路》等，深受群众的认可和喜爱。

2018年被认定为国家级非物质文化遗产项目代表性传承人。

宁夏国家级非物质文化遗产项目代表性传承人名录

传统美术·砖雕

卜文俊

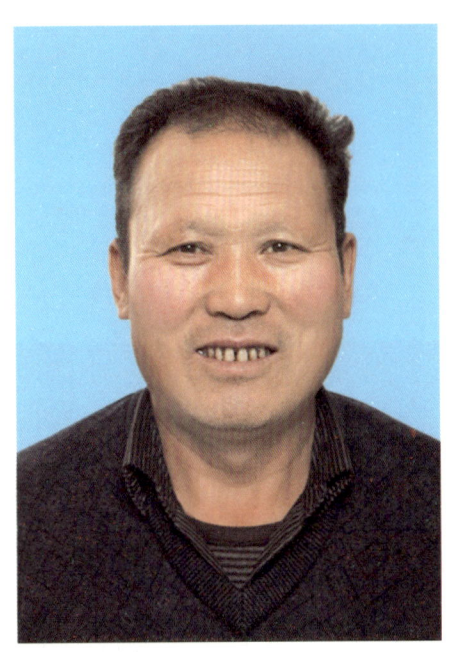

卜文俊，1958年出生，宁夏固原市隆德县人。1981年随岳父魏世祥（魏氏砖雕第三代传承人）学习砖雕技艺。经过30多年对砖雕技艺的不断磨炼，加之他对各种历史资料、雕刻艺术的潜心钻研，完全掌握了魏氏砖雕的艺术特点及复杂的工艺流程。近年来，他在继承传统技艺的基础上，吸纳众家之长，总结发展，大胆创新，对砖雕模具进行优化，并通过反复试验将柴禾软烧改良为煤碳硬烧。同时开发出100余种群众喜爱的建筑砖雕产品，如狮子、砖塔、码头花砖、单龙纹、双龙纹、三龙纹、龙凤呈祥、二龙戏珠等，这些作品融装饰性和实用性于一体，在仿古、现代民居建筑装饰中广泛应用。

为了使砖雕技艺得以继承和发扬，2010年他投资成立了隆德县魏氏砖雕有限公司，培养了一大批砖雕艺人，同时免费向周边村民教授砖雕技艺，带动当地群众就业、创业，让昔日的家族砖雕技艺成为家乡致富的新途径。

2018年被认定为国家级非物质文化遗产项目代表性传承人。

杨栖鹤

传统美术·杨氏家族泥塑

杨栖鹤，1930年出生，宁夏固原市隆德县人。杨氏家族泥塑艺术源于清朝道光十二年（1832年），杨栖鹤老人为第四代传承人。他从小受祖父杨廷辅、父亲杨维福的影响，8岁开始学习绘画、书法和泥塑。在掌握了传统杨氏家族彩塑理论和制作工艺的基础上，他多方拜师求教，博采众长，不断吸收和借鉴其他民间艺术之长，形成了集彩塑、绘画、木刻、章雕、剪纸、烫花为一体的杨氏家族艺术风格。为了扩大杨氏家族彩塑的传承，他打破家族"传里不传外，传男不传女，宁可失传，不可轻传"的传承家规，广收门徒，无私传授技艺，杨氏彩塑第五代、第六代人才辈出。

他的作品《木香炉》在全国首届工艺美术佳品及名艺人作品展上被评为"全国十佳精粹"，荣获1995年"万博杯"艺术之乡精品展示大赛二等奖；作品《西夏王》参加2004年中国首届泥人艺术展、2005年中国泥人文化交流展示会获银奖。2007年他被评为"中国民间文化杰出传承人"；2012年获"中华非物质文化遗产传承人薪传奖"。

2009年被认定为国家级非物质文化遗产项目代表性传承人。2016年12月去世。

杨佳年

传统美术·杨氏家族泥塑

  杨佳年，1964年出生，宁夏固原市隆德县人。杨氏家族彩塑第五代传承人，宁夏一级工艺美术大师。1982年高中毕业后，他随父亲杨栖鹤学习家族彩塑技艺，在继承前四代传承人的艺术成果及风格的基础上，收集、整理了大量的民间和家藏彩塑艺术资料，先后到甘肃、新疆等地考察学习石窟造像等传统艺术，使杨氏彩塑艺术无论从题材选择、造型设计、神态表现，还是色彩搭配都有所突破。

  近年来，他与团队为宁夏、甘肃、新疆等地修复国家级文物300多件，同时创作了一批极富特色的彩塑作品，如《毛主席翻越六盘山》《马社火》《舞狮》等，作品多次在全国各地巡展并获奖。2007年他被评为"中国民间文化杰出传承人"。近些年他先后多次举办彩塑培训班，并根据传承对象的需求和喜好，采用视频、图片、文字和实物相结合的方式进行传习，取得了很好的效果，培养的徒弟已经成为杨氏家族彩塑第六代传承人，为杨氏彩塑艺术的传承发展奠定了坚实的基础。

  2018年被认定为国家级非物质文化遗产项目代表性传承人。

宁夏国家级非物质文化遗产项目代表性传承人名录

闫森林 传统技艺·贺兰砚制作技艺

闫森林，1952 年出生，宁夏银川市人。宁夏一级工艺美术大师。1973 年开始跟随父亲学习祖传的贺兰砚制作技艺，继承了闫家砚因材施艺、相石俏彩的艺术特点，以顺势而为的艺术理念，在注重作品整体意境、美感的前提下尽可能展现出贺兰石的材质美。其作品题材广泛，艺术风格内敛、含蓄，雕刻工艺精巧，代表作品有《雄风砚》《荷塘秋韵》《鱼跃龙门》等。

2006 年作品获第五届全国工艺美术创作优秀奖。2007 年《葫芦砚》获第一届宁夏工艺美术大师作品评选优秀奖。从艺 40 余年来，他不断探索贺兰砚制作技艺的发展和传承，打破了传统的师傅带徒弟的传承方式，将贺兰砚制作技艺带进高校，受聘为宁夏职业技术学院客座教授，为工艺美术专业学生讲授"贺兰砚制作技艺"。2013 年 6 月，九位贺兰砚技师正式拜闫森林、石飚为师，成为闫家砚的第五代传承人。

2012 年被认定为国家级非物质文化遗产项目代表性传承人。

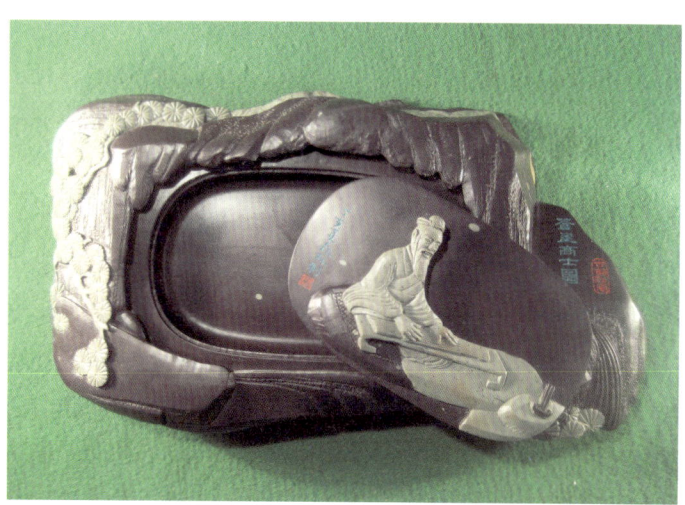

宁夏国家级非物质文化遗产项目代表性传承人名录

丁和平 传统技艺·二毛皮制作技艺

丁和平，回族，1958年出生，宁夏银川市人。他为二毛皮制作技艺家族第四代传承人，师承父亲丁林普。宁夏传统二毛皮制作工艺流程达30多道，每道工序都要精益求精，只有严格按照操作规程制作的二毛皮制品，才不会生虫、变形、掉色。他从艺40余年，在熟练掌握传统二毛皮制作工艺的基础上，通过不断制作摸索，使得丁氏家族制作二毛皮技艺日趋成熟，生产制作出来的二毛皮皮板薄如厚纸、质地坚韧，皮毛柔软丰匀、非常轻便，不生虫、不变形、无异味，产品甚至可水洗，晒干后能够恢复原样。近年来，他逐渐把二毛皮制作技艺传给儿子丁建国、丁建军及30多名徒弟手中。2009年成立了皮毛厂，在他和儿子、徒弟的共同努力下，目前皮毛厂已初具规模：年生产两万张毛皮，产值380多万元，利润100多万元，成品销往9个省市及新加坡、俄罗斯、加拿大等国。

2018年被认定为国家级非物质文化遗产项目代表性传承人。

丁跃成

传统技艺·二毛皮制作技艺

丁跃成，回族，1956年出生，宁夏永宁县人。永宁县纳家户村已经有500年的历史，是全国知名的回族居住村落，中华人民共和国成立前就有很多从事二毛皮制作和销售的家族性经营和手工制作作坊。改革开放后，丁跃成同其岳父纳汉新学习二毛皮制作技艺，因为他肯吃苦，不怕脏，有耐力，有灵性，几年便熟练掌握了二毛皮制作的全部工艺流程。几十年来，从开始的小手工作坊到现在的大规模生产，最初采用原始制作方法发展到先进工艺和生产流程，经过他不断研究摸索，解决了传统二毛皮发黄、有膻腥味的问题，使得二毛皮产品色泽雪白、无膻腥味，技艺有了进一步的提高和突破，产量、销量也稳步增长，多次参加区内外非遗博览会并获奖。近些年来，他逐渐将二毛皮制作技艺传授给马学勇（女婿）和丁晶晶（女儿），还免费为周边村镇的几十名学徒培训二毛皮产品加工，带动当地群众创业致富、增加收入。

2018年被认定为国家级非物质文化遗产项目代表性传承人。

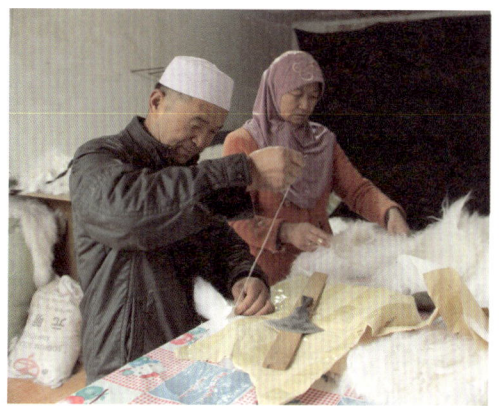

杨华祥

传统医药·回族汤瓶八诊疗法

杨华祥，回族，1952年出生，宁夏银川市人。他出生于医学世家，自幼跟随父亲杨耀钧（杨氏家族汤瓶八诊疗法第六代传承人）学习汤瓶八诊疗法。在40多年的研究实践中，他不断挖掘完善汤瓶八诊理论体系和操作技艺，形成了独具特色的中医医药文化。他的技术手法多样、细腻、精巧、平实、准确，强调全身的整体性，以异经奇脉，上病下治，内病外治，调身、调息、调心、理骨、理脉、理气为核心，消除人体毒垢、骨垢、血垢，达到气通、志通、意通。

他多年来先后出版了《汤瓶八诊养生方案》系列丛书4本、《汤瓶八诊教材》8本，发表学术论文10余篇，参与国家课题项目3个，并正在筹备成立宁夏杨氏回医汤瓶八诊治未病医院。

2012年被认定为国家级非物质文化遗产项目代表性传承人。

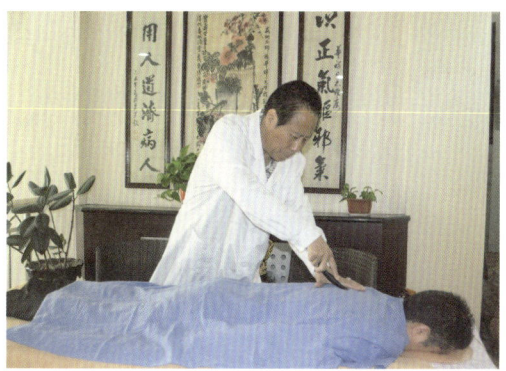
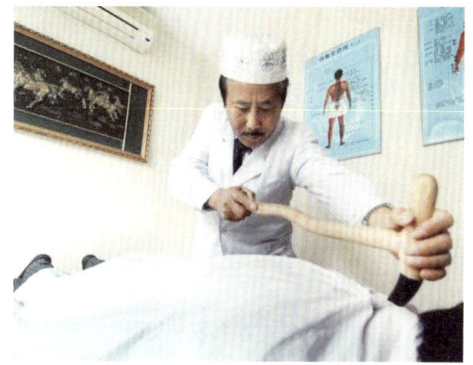

张宝玉　传统医药·张氏回医正骨疗法

张宝玉，回族，1946年出生，宁夏吴忠市人。宁夏张氏回医正骨医院院长，全国中医学术流派传承工作室——宁夏张氏回医正骨疗法流派传承工作室核心传承人。国家临床重点专科、国家"十二五"民族医重点专科回医骨伤科学术带头人，自治区级第一、二批老中医药专家学术经验继承工作指导老师。作为张氏回医正骨疗法第三代传承人，他自幼跟随父亲张成仁学习正骨术，16岁起独立行医。50余年来，在治疗骨关节损伤及骨伤科危重、疑难病症方面积累了丰富的临床经验，以其独特的诊疗风格和优异的疗效，在宁夏及周边地区久负盛名，治愈患者遍及陕、甘、宁、青、新、晋、云、贵、川等地，受到了患者的一致好评。

他始终致力于张氏回医正骨医术的传承与发展创新，先后于1986年、2003年、2004年分别在吴忠市、银川市创建张氏回医正骨医院及研究所等机构。承担多项国家级、区级中医医药研究项目，完成了50余个骨伤疾病的诊疗技术规范，以及8本专著的编撰工作，发表学术论文20多篇，为张氏回医正骨医术的科研创新作出了贡献。

2012年被认定为国家级非物质文化遗产项目代表性传承人。

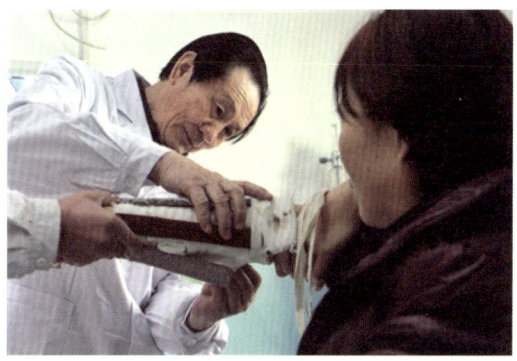
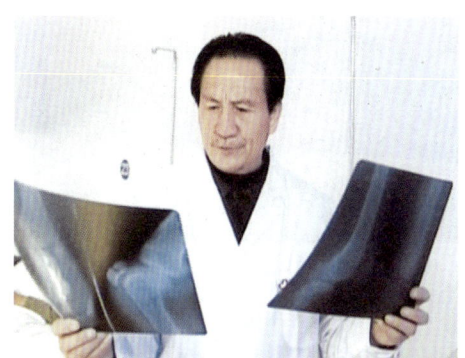
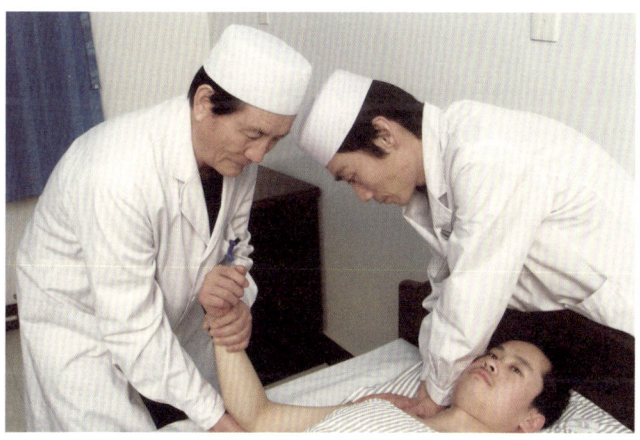

宁夏国家级非物质文化遗产项目代表性传承人名录

陈卫川

传统医药·陈氏回族医技十法

　　陈卫川，回族，1939年出生，宁夏吴忠市人。现任全国中医药学会回族医药学会副会长，宁夏回族医药研究所名誉所长。全国第二批500名老中医药专家学术经验继承指导老师。他自幼随祖父陈进孝学习医技，并通过院校、各类研究班进修，打下了扎实的中医理论基础。50多年来，他拜访求教同行名医，博采众长，丰富完善了陈氏回医十技法，将祖传医技用以临床。

　　自20世纪70年代以来，他通过授课、临床等方式传承培育医药人才，教授学员近百名，书写中医药笔记近20万字，教案15本。协助宁夏中医研究所完成了"陈卫川回医药医技医术抢救性传承研究课题"，并出版了《陈卫川医技验方集》《陈卫川医事录》等著作。2009年他被授予"自治区名中医"称号，同年被中华中医学会聘为终身理事，并获得"中华中医学会成就奖"。

　　2018年被认定为国家级非物质文化遗产项目代表性传承人。

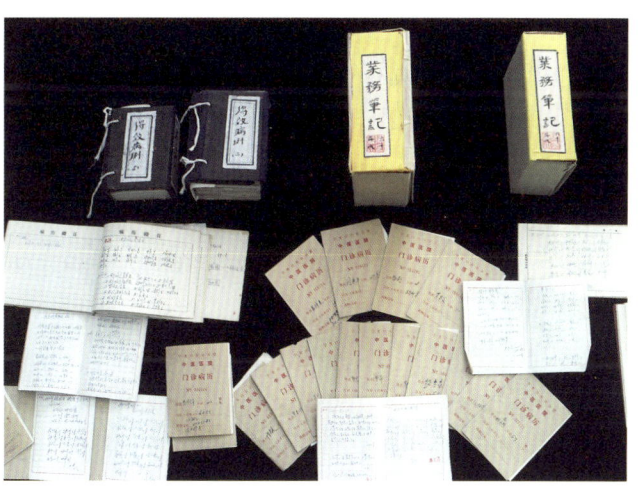

宁夏国家级非物质文化遗产项目代表性传承人名录

梁尔墩

民俗·高台马社火

梁尔墩，1946年出生，宁夏固原市隆德县人。他是梁氏家族高台马社火艺术第四代传承人，8岁起便跟随父亲学习秦腔、社火，经多年学习演练，全面掌握了高台马社火主题情节策划、高台芯子和道具制作、演员装扮、现场展演等技艺。为更好地传承社火技艺，他从神话故事、古籍典故、古戏曲等多方面挖掘整理高台马社火情节题材，提炼角色造型，制作社火模具标本。他擅长绘制社火脸谱，速度快，用笔精准到位。经过多年积累，编撰了《六盘山区社火脸谱集》。近些年来，在传承传统人抬木芯高台社火的同时，他用拖拉机作动力和载体，使用钢管代替木芯制作高台社火支架，广泛融入书画、剪纸等民间美术，使高台社火变成了"空中舞蹈"，更加奇险壮观。多年来，他累计编导装扮高台社火150多套，代表作有《岳飞传》《封神榜》《水浒传》《西游记》《三侠五义》等。

2018年被认定为国家级非物质文化遗产项目代表性传承人。

张庆明

民俗·同心莲花山青苗水会

张庆明，1949年出生，宁夏吴忠市同心县人。莲花山青苗水会是同心县预旺镇包括周边相邻的环县、海原、固原等地民众自发组织的，融宗教、民俗于一体的祈福求雨、祛病消灾的朝山活动，于每年农历四月十五定期举行。张庆明自幼喜欢音乐，自学了笛子、二胡、扬琴、板胡、手风琴等乐器。1983年莲花山青苗水会恢复组建后，他参加水会乐队，因为扎实的基本功和负责认真的态度得到大家的认可，很快成为乐队的主要负责人，熟知取水、献水、念神、赞圣等莲花山青苗水会的仪规、仪程。1986年被认定为青苗水会取水、献水、过关诵偈传人。经过他不懈努力，1996年恢复了传统取水程序，并将关煞、取水偈语、献水神赞等内容整理成文字资料。自此，他开始担任莲花山青苗水会会长，专管水会乐队。近几年，先后培养出诵偈语人员2名，乐器人员5名，鼓乐手2名，目前几人已经能够独立完成青苗水会取水、献水程序。

2018年被认定为国家级非物质文化遗产项目代表性传承人。

宁夏第一批自治区级非物质文化遗产项目代表性传承人名录

李凤莲 传统音乐·回族山花儿

李凤莲，回族，1957年出生，宁夏固原市西吉县人。她自幼嗓音敞亮，随同村老一辈唱家子学习花儿，并向母亲学习口弦弹奏，掌握了众多山花儿曲调。多年来在学习和探索花儿艺术的过程中，逐渐形成了独特的风格和演唱技巧，其音域宽广，音质甜美可亲，颤音恰到好处。代表曲目有《哥是阳沟妹是水》《獐子吃草滚石崖》《五哥放羊》等。1980年参加全国民族民间唱法调演；1993年随宁夏民间艺术团赴日本访问演出；1998年获"沙湖杯"中国西北民歌花儿歌手比赛二等奖；2006年获"福彩杯"老年文艺汇演二等奖；先后参加了花儿歌舞剧《曼苏尔》《花儿四季》的演出，分别荣获二、三等奖。

2008年被认定为自治区级非物质文化遗产项目代表性传承人。

马学辉

传统音乐·回族山花儿

马学辉，回族，1956年出生，宁夏吴忠市同心县人。他自幼跟随同心县预旺镇大庙湾农民马彦仓学习花儿，现在能演唱花儿50多首。他演唱的花儿高亢沧桑，乡土气息浓郁，唱腔具有明显的宁夏南部山区特色。他创办的永宁县回族花儿歌舞团是专业演唱花儿和表演回族歌舞的文艺团体，先后招收花儿学员80多人，现今艺术团有歌手、演员30人。他根据花儿元素创作的歌曲《枸杞红了》《坎肩送给红军穿》《回回女娃一朵花》《我坐在尕妹的跟前了》被《宁夏民族歌曲精选及欣赏·花儿飞四方》收录。

2008年被认定为自治区级非物质文化遗产项目代表性传承人。

张进绪 | 传统戏剧·皮影

张进绪，1943年出生，宁夏银川市贺兰县人。他父亲张存秀（艺名张小存）的皮影队演技高、剧目多，在宁夏颇有名气。张进绪禀赋颇高，又深爱皮影这门艺术，自幼跟随父亲学习皮影戏，继承了父辈的皮影表演、制作技艺，完整传承下来传统剧目10多部，同时保存了几百件家传皮影和演奏器具。他的皮影唱腔有独到的气质，融合了陕西秦腔和宁夏花儿唱法，表演生动，节奏感强，在贺兰县及周边地区有极强的影响力，深受老百姓喜爱。曾组织皮影戏自乐班演出，各乡各村举办庙会节庆或喜事都会请他去演出助兴。2009年冯骥才先生到宁夏专门观看了张进绪表演皮影，对其表演水平、唱腔特点给予了极高的评价。

2008年被认定为自治区级非物质文化遗产项目代表性传承人。2010年11月去世。

马荣堂

传统体育、游艺与杂技·回族踏脚

马荣堂，回族，1952年出生，宁夏固原市泾源县城关镇园子村人。踏脚是当地传统的民间健身项目，他12岁时生产队踏脚活动尤其盛行，他在观看同村村民表演踏脚的同时也开始学习踏脚技巧和套路，20岁左右就经常在竞赛中获胜。他对踏脚传统套路进行了深入的挖掘总结，发现踏脚原来流传的36种招式，现存的只有平脚、转脚、背脚3种招式，园子村现在流行的动作也大多数从这3种套路发展演变而来。之后，泾源县文化部门对踏脚进行了创新和改革，在他的参与指导下，1989年踏脚参加宁夏第一届少数民族传统体育运动会并获表演金奖。1991年踏脚参加全国第四届少数民族传统体育运动会获表演金奖。

2008年被认定为自治区级非物质文化遗产项目代表性传承人。

何建功

传统体育、游艺与杂技·何家棍

何建功，回族，1963年出生，宁夏吴忠市人。何家棍第五代传承人。何家棍又称"单头模子棍"，至今已有近200年历史，由何登魁于1824年创立。何家棍风格刚劲勇猛，灵活多变，明快直接，发劲别致。他自幼受父亲何金德（何家棍第四代掌门人）影响，对武术十分感兴趣，青少年时期的大部分业余时间都在练武中度过。在父亲的悉心指导下，他完全继承了何家棍的精华，并把传统武术发展成为武术表演，带出来的第六代何家棍弟子荣获第五届、第六届全区少数民族运动会表演项目金奖，第十二届全运会棍术金牌。

2008年被认定为自治区级非物质文化遗产项目代表性传承人。

传统美术·民间绘画

王洪喜

　　王洪喜，1959年出生，宁夏石嘴山市平罗县人。他十几岁跟着表兄王洪谋给邻里村民"油箱子"（旧时农村办喜事专门请人为彩礼、陪嫁箱刷油漆、描画图案，俗称"油箱子"），通过几年的锻炼，为民间绘画打下了扎实的技术基础。20世纪70年代，他开始尝试将最熟悉的农村生活场景用纸笔、油彩表现出来，正式创作农民画。至今已在各大报刊媒体发表作品近200幅。1983年创作完成的《养鸡专业户》在中国美术馆展出，并获中国美协颁发的鼓励奖；1996年3幅作品获中国美协颁发的优秀奖；1999年作品《比赛之前》获中国文联颁发的金奖；2004年作品《和平盛世》获纪念毛泽东诞辰110周年全国美术作品展一等奖。

　　2008年被认定为自治区级非物质文化遗产项目代表性传承人。

宁夏第一批自治区级非物质文化遗产项目代表性传承人名录

靳守恭

传统美术·民间绘画

靳守恭，1939年出生，宁夏固原市隆德县人。他从20世纪60年代开始绘画创作，几十年如一日致力于民间绘画的创作和推广传播。他的画具有浓郁的乡土气息，题材新颖，造型纯朴，色彩鲜艳，装饰性强。作品《风和日丽》入选全国少数民族美术作品展，并荣获宁夏第三次文学艺术作品二等奖；作品《姐妹们》获宁夏第四届文学艺术作品奖；作品《心声》获文化部举办的全国"万博杯"艺术之乡艺术精品展示大赛二等奖；作品《致富》获全国总工会举办的农民画展优秀奖。他荣获文化部授予的"农民画开拓者"和"民间现代绘画优秀辅导员"称号。

2008年被认定为自治区级非物质文化遗产项目代表性传承人。

张炜

传统美术·剪纸

张炜，1941年出生，宁夏固原市隆德县人。他继承了奶奶、母亲的剪纸技艺，在秉承传统剪纸艺术精髓的基础上，大胆创新，取众家之长为己所用。为了使自己的剪纸作品更加细腻、生动，他尝试用自制刻刀辅助剪纸创作。他的剪纸作品意境开阔，构思巧妙，技法精巧，内容隽秀，具有很高的欣赏价值和收藏价值。其中《访问》《敬老爱幼》《孔子与麒麟》《飞天圆梦》等200多幅剪纸作品多次在区内外展览并获奖。1997年作品《十二生肖》系列被宁夏回族自治区选作贺礼送往香港，被香港第一任行政长官董建华收藏。1998年作品《春牛图》在中央电视台春节晚会中亮相。2001年他获隆德县"十佳文化名人"称号。

2008年被认定为自治区级非物质文化遗产项目代表性传承人。2008年10月去世。

虎凤英

传统美术·刺绣

虎凤英，回族，1936年出生，宁夏固原市隆德县人。她自幼心灵手巧，在祖母和母亲的熏陶下，11岁就开始学剪纸、刺绣，青年时已成为名闻乡里的剪纸、刺绣能手，作品深受乡邻喜爱。她在继承传统刺绣技法的基础上，在作品中注入了自己对生活的理解，具有独特的民间风格和浓郁的乡土情趣。作品风格粗犷、古朴、典雅，绣工精湛，纹样繁多，图案美观，题材新颖。刺绣作品《麒麟送子》曾在全国首届民间美术佳品评选及名人作品展中获收藏奖。

2008年被认定为自治区级非物质文化遗产项目代表性传承人。

冯琴花

传统美术·刺绣

冯琴花，回族，1941年出生，宁夏固原市隆德县人。她自小在家务农，跟随母亲学习刺绣、剪纸等女红技艺，刺绣及制作婚礼服饰的手艺在当地闻名。几十年来，她一直坚持创作，刺绣作品多以花鸟等图案为主，造型质朴大方，形象逼真，做工精细，曾多次在区内外展览并获奖。由她刺绣、缝制的婚礼服被宁夏文化馆收藏。1989年作品在全国首届民间美术佳品评选及名人作品展中获收藏奖。作品《回族姑娘陪嫁品·胸花》获1995年全国"万博杯"艺术之乡艺术精品展示大赛三等奖。

2008年被认定为自治区级非物质文化遗产项目代表性传承人。2013年去世。

赵桂琴 传统美术·刺绣

赵桂琴，1962年出生，宁夏吴忠市同心县人。她自幼聪慧，与姐妹赵秀霞、赵秀兰跟随母亲学习刺绣，是家族刺绣的第六代传人，二十几岁就已经成为闻名十里八乡的刺绣好手。她的刺绣作品构图新颖活泼，针法细腻独到，题材广泛，尤以古今人物刺绣见长。她绣出的人物活灵活现，立体感强，形象典雅大方，体现出精、细、雅、洁的独特艺术风格。曾前往迪拜、韩国、毛里求斯等国家进行民间文化交流，为当地的刺绣爱好者传授刺绣技巧。2010年携作品参加上海世博会，其中《观音画像》《枸杞红了》等作品受到国内外游客的高度评价。近年来代表作品有《红楼梦·金陵十二钗》《西游记》《回娘家》等。

2008年被认定为自治区级非物质文化遗产项目代表性传承人。

传统技艺·草编

吴丽霞

　　吴丽霞，1966年出生，宁夏固原市彭阳县人。儿时村里几乎家家妇女都以草编为副业，她自幼耳濡目染，在长辈们手把手的传授下掌握了草编这门技艺，并成为彭阳众多编织者中的佼佼者。她编织手法娴熟，能够利用颜色搭配出各种花色，如鲜花样式、鸟兽样式、文字图案等等。她的草编作品精致轻巧，美观高雅，样式新颖。近些年来，草编制品逐渐被塑料制品等取代，为了让草编这一传统手艺不被现代生活淘汰，她设计、制作了许多适应现代人生活需求和审美的作品，如桌垫、椅垫、茶垫、提篮、果盒、茶盘、女士手袋等。曾培训同村妇女编织了20多种上千件生活用品及艺术品，得到群众的好评。

　　2008年被认定为自治区级非物质文化遗产项目代表性传承人。

张金东

传统医药·张氏回医正骨疗法

张金东，回族，1963年出生，宁夏吴忠市人。张氏回医正骨疗法第四代传承人。他自幼受父亲张宝玉的言传身教，专注于正骨医疗技术的学习和发展。1993年起，在宁夏医科大学临床医学专业学习的基础上，跟随父亲学习正骨医术及丸散膏丹制药技术。他从事正骨工作近20年，对各类骨折、骨关节脱位、烧烫伤、疮疡、骨髓炎等疾病有着丰富的临床经验，由其研发的骨刺康软膏及滑膜炎药膏获得国家发明专利。近年来他注重整理总结临床经验和学术思想，先后在核心期刊发表学术论文20多篇，完成了8部学术著作的整理编撰工作。

2008年被认定为自治区级非物质文化遗产项目代表性传承人。

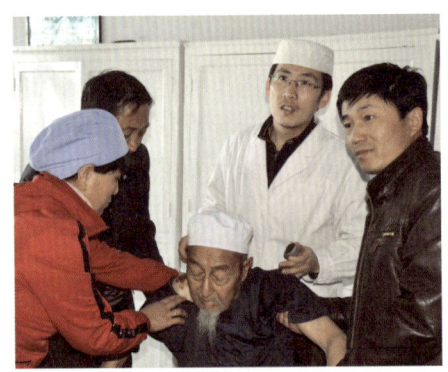

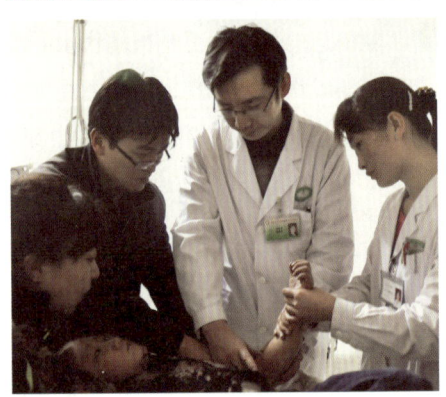

宁夏第二批自治区级非物质文化遗产项目代表性传承人名录

吕秀峰

传统音乐·回族山花儿

吕秀峰，1937年出生，宁夏固原市原州区人。他自幼以放羊为生，放羊时就对花儿产生了浓厚的兴趣，后向当地知名的花儿高手张治山、高凤鸣等学会了民间小曲30多首、花儿40多首，逐渐成为村子里唱花儿的能手。他唱的花儿情真意切，声音洪亮高亢，音色清纯，腔调悲伤凄凉，被当地人尊称为"关山花儿王"。2009年固原市举办"花儿漫六盘"，他以72岁高龄代表张易镇参加原州区的选拔赛胜出。2013年开始自筹资金创办了"西海子花儿交流会"，至今已成功举办四届，每年吸引周边乡镇众多民间花儿爱好者前往交流对歌，为传承、宣传山花儿作出了积极贡献。

2010年被认定为自治区级非物质文化遗产项目代表性传承人。

马成福

传统音乐·回族山花儿

马成福，回族，1963 年出生，宁夏固原市原州区人。他从小就跟随长辈学唱花儿，在山上放牛时能把最原生态的高腔花儿喊出来，越喊越喜欢，越唱越爱唱，逐渐形成了自己的演唱风格，还经常把看到的事物以花儿的形式编词演唱出来。2009 年参加原州区组织的花儿歌手大赛，荣获三等奖。2007 年带着母亲、儿子马学军参加了"万人花儿漫塞上"活动，一家三代同台演唱花儿。近几年，他不仅自己参加各种花儿大赛，还编创富有花儿韵味的歌曲教授给学生，在校园挖掘花儿人才，普及花儿知识。

2010 年被认定为自治区级非物质文化遗产项目代表性传承人。

张建军 传统音乐·回族山花儿

张建军，1964年出生，宁夏吴忠市盐池县人。他自幼喜欢唱歌，曾随花儿歌手安妮、马生林学习宁夏民歌小调及花儿的演唱，较好地掌握了花儿的演唱特点。多年来活跃在全区文艺舞台，积极传唱、传承宁夏花儿。他代表宁夏参加了中国"西部之声"、新中国成立五十周年晋京献礼演出、大型民歌歌舞"塞上春潮"、中国民族民间歌舞盛典、中国原生态民歌大赛、上海世博会宁夏活动周、2011年和2012年央视农民春晚等大型活动。代表作品有《面片片稠稠捞上》《牛佬佬调》《脚闪空绊了一身泥巴》等。

2010年被认定为自治区级非物质文化遗产项目代表性传承人。

赵福朝

传统音乐·回族山花儿

赵福朝，回族，1951年出生，宁夏固原市泾源县人。他十几岁时跟随当地的花儿歌手学唱花儿，以后不断探索演唱技巧和方法。2008年，在传承花儿原有特色的基础上独创"手鼓花儿"，用历史悠久且民族特色浓郁的手鼓为花儿伴奏，边唱边击，将花儿的原生态特色表现得淋漓尽致，形成了自己特有的演唱形式。他在继承传统花儿的基础上加以创新，给传统花儿加入了更多的现代气息，其中不乏表现宁夏山川、民俗风情及爱情亲情等题材的作品。他的原创花儿作品在多次演出中屡屡获奖，吸引了很多年轻人前来学唱花儿。

2010年被认定为自治区级非物质文化遗产项目代表性传承人。

杨登清

传统音乐·回族山花儿

杨登清，回族，1943年出生，宁夏吴忠市同心县人。他自幼跟长辈在田间劳作时学唱花儿，记忆力强，音乐悟性高，嗓音独特，可以演唱多首不同风格的花儿。20世纪80年代《中国民间歌谣集成·宁夏卷》收集了他演唱的多首花儿曲目。1984年在西北音乐周上获得优秀歌手奖；1985年在中国农民歌手邀请赛上获三等奖；2008年获得第六届中国西部民歌（花儿）歌会铜奖。现在，他在同心县文化馆花儿传承保护点开展花儿的传承，还定期到县城各中小学校教唱花儿。

2010年被认定为自治区级非物质文化遗产项目代表性传承人。

杨生旺

传统音乐·回族山花儿

杨生旺，回族，1955年出生，宁夏中卫市海原县人。他自幼喜欢唱花儿，经过多年积累，掌握了几十首海原流传的干花儿。他的音色纯正、温柔，泛音优美，富有特点，极具感染力。2002年获宁夏（海原）首届花儿节银奖；2009年获第七届中国西部民歌（花儿）歌会金奖；2014年获第十二届中国西部民歌（花儿）歌会银奖，同年应邀参加在四川绵阳举办的全国农民优秀节目巡演活动；2015年荣获第十三届中国西部民歌（花儿）歌会金奖，同年应中央电视台邀请参加在内蒙古呼和浩特举办的中国少数民族优秀声乐作品展演，获得专家评委及观众的一致好评。

2010年被认定为自治区级非物质文化遗产项目代表性传承人。

罗发军 传统音乐·回族山花儿

罗发军，回族，1984年出生，宁夏中卫市海原县人。他自幼双目失明，受优美的唱词、动听的曲调吸引，爱上唱花儿，丰富的民间音乐曲调成了双目失明的他最大的精神寄托。他用心聆听、记忆，基本掌握了海原群众中流传的山花儿。2008年北京残奥会期间在宁夏"祥云小屋"现场献艺，同年在第六届中国西部民歌（花儿）歌会上获得金奖。

2010年被认定为自治区级非物质文化遗产项目代表性传承人。

妥 艳

传统音乐·回族山花儿

妥艳，回族，1966年出生，宁夏中卫市海原县人。她自幼爱好唱花儿，掌握了多首在海原县群众中流传着的干花儿。她演唱的花儿高亢、甜美，感情自然淳朴。2003年在青海西宁花儿大赛中获得银奖，同年荣获第四届中国西部民歌邀请赛铜奖；2004年在甘肃临夏花儿大赛中获得银奖，同年在中国南北民歌擂台赛获得银奖；2006年参加了"和谐中华"第三届全国少数民族文艺汇演。

2010年被认定为自治区级非物质文化遗产项目代表性传承人。

马占昌

传统音乐·回族山花儿

马占昌，回族，1962年出生，宁夏固原市泾源县人。他自幼跟随爷爷学习演唱花儿，掌握多首传统花儿曲目。他的唱法自由，音域宽，音色舒展浑厚，唱腔高亢激昂且悲怆哀恸。除演唱花儿之外，他还在本村积极开展花儿传唱，多次举办学习班，组织村民学唱花儿，在他的教唱和带动下，很多村民都喜欢上了花儿。

2010年被认定为自治区级非物质文化遗产项目代表性传承人。

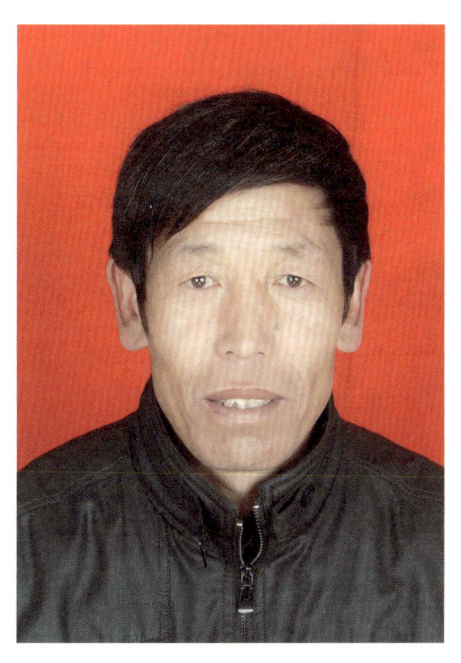

马少云

传统音乐·回族山花儿

马少云，东乡族，1959年出生，宁夏固原市西吉县人。他1970年开始学习花儿，自从80年代参加全国民族唱法演唱比赛后，深受鼓舞，刻苦钻研，逐渐形成了独特的演唱风格。他的声音独特，音域窄，挤压音较强，舞台表现力强。2014年、2015年分别获第十二届、第十三届中国西部民歌（花儿）歌会银奖、金奖；2014年应邀参加在四川绵阳举办的全国农民优秀节目巡演活动；2015年应邀参加在内蒙古呼和浩特举办的中国少数民族优秀声乐作品展演，获得专家评委及观众的一致好评。

2010年被认定为自治区级非物质文化遗产项目代表性传承人。

冶春英　传统音乐·回族山花儿

冶春英，回族，1963年出生，宁夏中卫市海原县人。她嗓音条件好，自幼爱好演唱花儿，演唱时音调较高，具有极强的穿透力，演唱的花儿高亢嘹亮、委婉动听。2002年在宁夏（海原）首届花儿节上获得银奖；2009年在第七届中国西部民歌（花儿）歌会上获得银奖。

2010年被认定为自治区级非物质文化遗产项目代表性传承人。

景国孝

传统音乐·回族民间器乐

景国孝，回族，1941年出生，宁夏银川市人。他自幼喜爱音乐，童年在农村生活的经历为后来学习制作、演奏咪咪和哇呜等民间乐器奠定了良好的基础。他拜同村老一辈咪咪高手为师学习制作、演奏不同把式的咪咪。后来结识了在我国首先发现并传承了古代埙的遗存牛头呜的制作和吹奏方法的冯荟耘先生，并拜他为师，学习吹奏、制作泥哇呜。1998年以来，他参加了宁夏群艺馆回族乐器挖掘研制小组，恢复了单管、双管咪咪和芦苇排箫、笛的吹奏和制作。2001年芦苇排箫、笛获自治区旅游商品设计大赛奖。由他制作的葫芦咪咪，单管、双管芦苇咪咪和芦苇排箫、笛等成为国家级名录项目申报样品。

2010年被认定为自治区级非物质文化遗产项目代表性传承人。

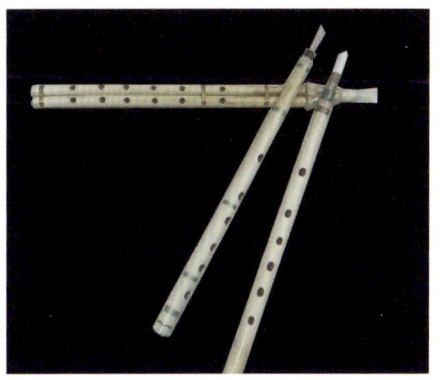

马义珍 传统音乐·回族民间器乐

马义珍，回族，1964年出生，宁夏银川市灵武人。他是国家级非物质文化遗产项目代表性传承人马兰花的弟弟。他们姐弟俩自小便跟随母亲、父亲学习口弦弹奏、制作技艺。由他制作的竹口弦锃亮光滑，结实耐用，音量适中，清脆柔和。2010年他应邀在上海世博会宁夏文化活动周上展示口弦的制作与演奏。近年来，他与姐姐开办了口弦学习班，免费教授乡间妇女、儿童学习口弦弹奏、制作技艺，还与灵武回中等中小学合作开设口弦弹奏校本课程，为口弦传承、传播作出了贡献。

2010年被认定为自治区级非物质文化遗产项目代表性传承人。

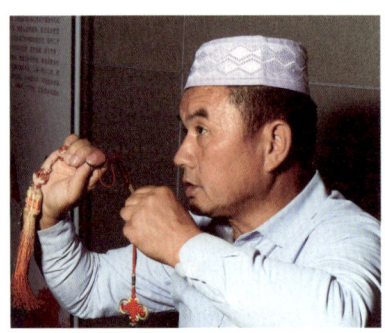

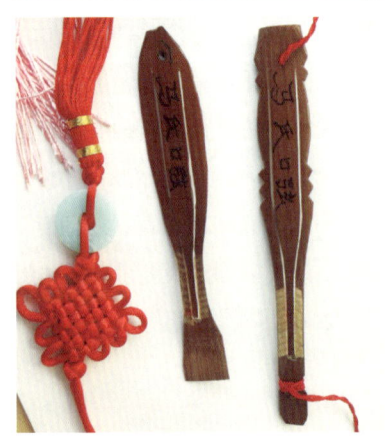

丁生林 传统音乐·回族民间器乐

丁生林，回族，1968年出生，宁夏吴忠市同心县人。他小时候时常能看到田间地头上妇女们拿着口弦进行演奏，对口弦独特的音色产生了极大的兴趣。他的岳父马中彦是口弦制作工匠，打制口弦的技艺是祖辈传承下来的，婚后他便开始跟随岳父制作口弦，成功制作出了音色纯正的铁质口弦，并一做就是十几年。铁口弦的制作在舌簧的打制上非常讲究，经过多年的探索，他打造出的铁质口弦结实耐用、音色清亮，不仅在本地区销售，而且在北京、成都、拉萨等地也有一定的市场。2006年他应邀参加在四川成都举办的国际文化产业交流会，制作的铁口弦得到了国际友人的青睐。

2010年被认定为自治区级非物质文化遗产项目代表性传承人。

温生科

传统音乐·回族民间器乐

温生科，回族，1949年出生，宁夏固原市泾源县人。固原当地群众一直以来便有就地取材制作简易自娱性乐器的习惯，他受老一辈的影响，1974年开始制作民间自娱性乐器。经过几十年的钻研和反复试制，掌握了泾源民间流传的一些乐器的制作方法，利用本地山林的材料，先后制作了牛角号、泥哇呜、口弦、杏核哨、咪啦杆、马莲牙哨、柳哨、桦树皮鼓等小巧玲珑、形制各异、音色不同的乐器。

2010年被认定为自治区级非物质文化遗产项目代表性传承人。

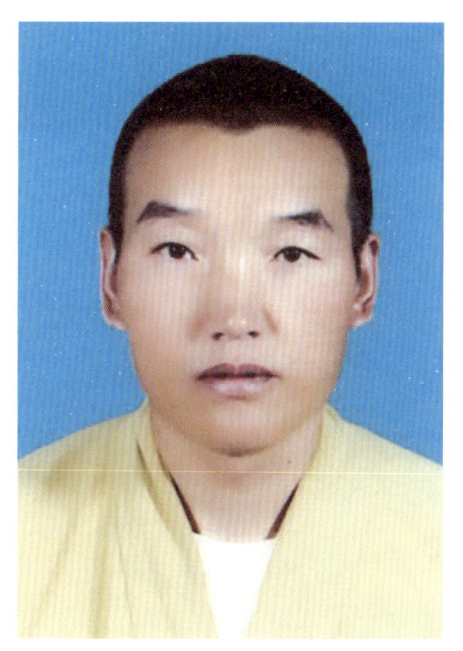

释耀正

传统音乐·马鞍山甘露寺佛教音乐

释耀正，俗名徐名正，1964年出生，宁夏银川市灵武人。宁夏回族自治区佛教协会会长，中国佛教协会常务理事，1994年起任灵武市马鞍山甘露寺住持。他剃度后，随前任住持甚山悉心学习马鞍山甘露寺经文的诵咏，礼乐大典的整套声乐、器乐，并严格传承声乐中的念、令调、吟诵。经过多年的学习、传承，他与刘全柱合作整理了《马鞍山甘露寺佛教音乐集》，全面记录了马鞍山甘露寺佛教音乐的曲谱，表现出该寺庙音乐极强的民间性、实用性，展现了佛教音乐民俗化、民间化的特征。

2010年被认定为自治区级非物质文化遗产项目代表性传承人。

传统舞蹈·舞狮

潘登基

潘登基，1946年出生，宁夏中卫市海原县人。海原胡湾潘家舞狮历史悠久，早在清代，他的爷爷潘万斗就带领全家人以舞狮和练武强身健体、养家糊口。他自小学习家传武术、舞狮，完全掌握了胡湾狮子的表演特色、样式套路等。潘家舞狮表演动作繁杂，以翻、滚、钻、跳跃、抖、上高架单腿独立等高难度动作为主，同时融入潘家内传的小洪拳、长刀、流星锤等武术动作，内容丰富，观赏性强。他在舞狮的过程中还能够根据当时地点、环境、人物，编成群众喜闻乐见、通俗易懂的仪程说上一段，挥动的羽扇、朗朗上口的说词，将舞狮的节奏和气氛带动得更加热闹精彩。

2010年被认定为自治区级非物质文化遗产项目代表性传承人。

刘名滋

传统舞蹈·舞狮

刘名滋，1936年出生，宁夏中卫市中宁县人。中宁刘庙舞狮传承人。他自幼师从武进玉、李佐新、李如童等人学习武术、舞狮，有扎实的武术功底，能完成刘庙舞狮高难度的精华套路。1960年起指导和参与表演刘庙舞狮，为刘庙舞狮培养了许多接班人。指导和参与表演的刘庙舞狮多次荣获市级、县级社火调演大奖。

2010年被认定为自治区级非物质文化遗产项目代表性传承人。2012年去世。

霍继良

传统舞蹈·舞龙

霍继良，1941年出生，宁夏中卫市人。舞龙是中卫历史悠久的传统民俗文化活动，与农历春节、民间祭祀活动有着密不可分的关系。中卫舞龙在程式、表演套路、龙头龙身的制作和乐器伴奏方面都有固定传统和特点。他自20世纪70年代开始学习舞龙，是当地全面掌握舞龙技艺的传人，熟练掌握霸王观阵、七星观阵、五盏灯、鱼跃龙门、蒜辫子、四门斗地、二龙戏珠等传统舞龙套路。

2010年被认定为自治区级非物质文化遗产项目代表性传承人。

安维汉

传统戏剧·皮影

安维汉，1938年出生，宁夏固原市西吉县人。他早年间跟随皮影师傅戴多金（西吉三河马堡村人）学习皮影戏表演，掌握多出传统剧目，十几岁时已能独挑大梁，20世纪60年代在当地组建了皮影戏班。多年来，他一直坚持皮影戏表演传承，2008年在当地文化部门的支持下，重新组建了马营村皮影戏班，担当挑线手，并积极带徒传艺。他的代表作品有传统剧目《三国演义》《水浒传》《西游记》和现代剧目《智取威虎山》《红灯记》等。

2010年被认定为自治区级非物质文化遗产项目代表性传承人。

谢克选

传统戏剧·皮影

谢克选，1942年出生，宁夏固原市西吉县人。他从1957年开始表演皮影戏，1975年起随陕西皮影制作师傅学习皮影制作。20世纪六七十年代由于历史原因，他的戏箱锁了多年。80年代初，皮影戏在村中又"复活"了。每逢春秋两季，他常受邀在西吉县周边的静宁、庄浪等地演出，最多时一年下来能演100场左右。他不但会唱、表演40多出皮影戏，还是制作皮影的高手。他制作的皮影皮质优良，透明度高，立体感强，多年来已制作500多个影身，800多个影头及大量的影戏道具，分别被西吉县多个民间皮影戏班、文化馆收藏。

2010年被认定为自治区级非物质文化遗产项目代表性传承人。

史录仁

传统戏剧·皮影

  史录仁，1935年出生，宁夏中卫市海原县人。他15岁开始跟随前辈王佐奎学习皮影，出于对这门艺术的喜爱，很快完全掌握了皮影的制作、演唱技艺，并能在皮影戏班中独当一面。20世纪六七十年代由于历史原因皮影戏班被迫中断了十余年，改革开放后他重新整理皮影戏箱，组织当地皮影爱好者恢复了戏班表演，经常为当地的群众演出，受到认可和喜爱。近年来，随着年纪的增长，他希望皮影技艺代代相传，于是在当地免费带徒传艺，为皮影的传承保护作出了积极贡献。

  2010年被认定为自治区级非物质文化遗产项目代表性传承人。2015年去世。

曲艺·宁夏小曲

徐明智

徐明智，1954年出生，宁夏银川市人。1965年随张有贵、夏花花学习快板及宁夏民间说唱。同时他挖掘、搜集、整理宁夏小曲，在传统曲调的基础上节选并改编出一些短小精悍的唱段，在句间、句尾加入衬腔、拖腔和甩腔，增强了宁夏小曲唱段的艺术性。同时他规范了宁夏小曲的伴奏乐器，又将宁夏小曲的表演形式创新为两人对唱，形成捧逗关系。在作品创作方面加强故事性，使表演更具曲艺特色。从20世纪70年代开始他经常深入工矿、部队、农村演出，多年来坚持自编、自演，创作、演出宁夏小曲70余首，其中《白字经》《渔奶奶回家来》《除四害》等作品深受观众欢迎，作品曾获文华奖、牡丹奖、群星奖等国家级奖项。

2010年被认定为自治区级非物质文化遗产项目代表性传承人。

李光辉

传统体育、游艺与杂技·回族踏脚

李光辉，回族，1962年出生，宁夏固原市泾源县人。1974年从事群众文化工作，1987年随香水镇园子村马荣堂学习踏脚，并开始挖掘整理泾源踏脚，搜集了在当地流传的36种踏脚动作，后根据整理的内容编排出完整套路。1991年他将踏脚动作用舞蹈的形式进行编排，并组织队伍参加了第四届全国少数民族运动会，以鲜明的特色，雄浑有力的动作，赢得了观众和评委的高度认可，获得表演项目金奖。后连续参加多届全国少数民族运动会和全区运动会，屡获奖项。目前，他致力于在泾源农村、学校传承踏脚，经他传授学习踏脚的已有1000余人次。

2010年被认定为自治区级非物质文化遗产项目代表性传承人。

何金德

传统体育、游艺与杂技·何家棍

何金德，回族，1939年出生，宁夏吴忠市人。何家棍第四代掌门人。他文武双全，不但多次凭练就的家传何家棍武艺夺得全国及宁夏武术比赛的奖项，还将何家棍的由来、拳谱、套路等进行了系统的文字整理。1959年获得宁夏回族自治区武术比赛第一名。1986年参加国家体委组织的"挖掘传统武术，抢救武术文化遗产"的武术挖掘工作，获得自治区二等奖。为了让何家棍更好地传承下去，他打破了何家棍"不传外姓、不传女子"的传统，将何家棍的棍法整理出来，写成近50万字的文章。2007年，他写的《单头模子棍》从理论上为何家棍的传承作出了贡献。

2010年被认定为自治区级非物质文化遗产项目代表性传承人。

李成林

传统体育、游艺与杂技·打梭

李成林，回族，1962年出生，宁夏中卫市海原县人。打梭是流传在海原民间的一项体育游艺活动，在20世纪80年代之前可谓家喻户晓，老少皆知。他小时候经常看到爷爷、父亲玩打梭，不到10岁就跟着父亲学打梭。1980年他创办了农民家庭图书馆，同时组织村民开展有益的文体活动。2007年开始，每年在自家院里举办一次农民运动会，打梭成为运动会上的重要比赛、表演项目。同时他也对打梭的比赛规则、套路等作了整理完善，在其带动下目前该村村民普遍掌握了打梭技巧和规则。

2010年被认定为自治区级非物质文化遗产项目代表性传承人。

张洪安

传统体育、游艺与杂技·张家枪

张洪安，回族，1949年出生，宁夏吴忠市人。张家枪第四代掌门人。张家枪又名"小径枪"，小径核心突出一个"巧"字，主要表现为径小路近，处处出枪领先，克敌制胜。他自10岁时开始练习家传武术，全面继承、掌握了张家枪武术精髓，同时他还精通燕青拳、四平软拳、唐拳、九拳、四门刀等武术，常年带领家中子孙、弟子练枪习武。目前张家枪族内第五代传人有20余人，其中他的徒弟（侄子）张彦奎多次在各种大型活动中表演张家枪绝技，2008年参加北京奥运广场文化演出，受到广泛好评。近年来，他打破了"非回族不教，非张家人不传"的传统，开门办学，教授外姓徒弟近千人。

2010年被认定为自治区级非物质文化遗产项目代表性传承人。

王梁

传统体育、游艺与杂技·鱼尾剑

王梁，回族，1962年出生，宁夏银川市人。他出身于武术世家，其父王新成是全国知名武术家。他自幼随父练习武术，1986年考入上海体育学院武术专业，1990年毕业后回到宁夏从事武术教育。1999年开始，他根据回族民间传说、剑器实物图形和传统武术技法，挖掘整理出鱼尾剑及其剑术。2007年，他代表宁夏参加第八届全国少数民族传统体育运动会获得金奖，后多次参加全国武术比赛，屡屡获奖。近几年来，他的主要精力用于鱼尾剑的挖掘、教学和传承。通过家族、师徒传承，目前传承人已经有6位。他在银川市一些中学开设鱼尾剑兴趣体育课，已为两万余名学生普及了鱼尾剑这一传统武术项目。

2010年被认定为自治区级非物质文化遗产项目代表性传承人。

张树林 传统体育、游艺与杂技·杂技《飞叉》

张树林，回族，1948年出生，宁夏银川市人。他的父亲张金顺凭借飞叉、水流星等绝技成为中国第一代杂技演员，10岁开始他就在宁夏杂技团随父亲学习杂技，1962年开始登台表演杂技《飞叉》。飞叉叉头分三股，呈"山"字形，叉头下装有环形铁片。表演时，双手把叉一搓，发出哗啦啦的响声，表演者在臂上、腿上、肩上、背上、腰部和胯下翻转滚动，花样繁多。飞叉易学难精，技术要求非常高，传承方式一直遵循家族式传承，为了更好地培养传承人，他打破了家族式传承，向更多喜爱武术的人传授。1983年他培养周笑天为传人，周笑天先后获得过西北大赛三等奖、西北五省一等奖。

2010年被认定为自治区级非物质文化遗产项目代表性传承人。

杨志中

传统美术·木雕

杨志中，回族，1940年出生，宁夏固原市西吉县人。1979年他开始学习木工技艺，1984年跟随木雕师傅学习木雕，后经过刻苦自学，潜心钻研，自成一派。他的木雕一般采用几何纹样、植物纹样、文字纹样、编结纹样、祥云纹样等，技法上以圆雕、半圆雕为主，浮雕相衬。他的作品精巧细腻、立意新颖、造型生动、雕工精湛，深受群众喜爱，在西吉乃至周边地区都能够看到他的木雕作品。

2010年被认定为自治区级非物质文化遗产项目代表性传承人。

王玉秀

传统美术·民间绘画

　　王玉秀，1935年出生，宁夏固原市隆德县人。她自幼心灵手巧，擅长刺绣、绘画。1981年取材于隆德民俗场景的绘画作品《马社火》参加了全国首届"中国农民画展"，被中国美术馆收藏，并送往挪威、瑞典、瑞士等国展出。《马社火》是宁夏最早在国外展出的农民绘画作品，在宁夏绘画史上留下了珍贵的一页。她的《戏剧人物》在1995年"万博杯"艺术之乡精品展示大赛中获二等奖。作为普通农村妇女，她因为对隆德民间艺术上的特殊贡献而被写进县志。

　　2010年被认定为自治区级非物质文化遗产项目代表性传承人。2010年8月去世。

杨晓梅 传统美术·民间绘画

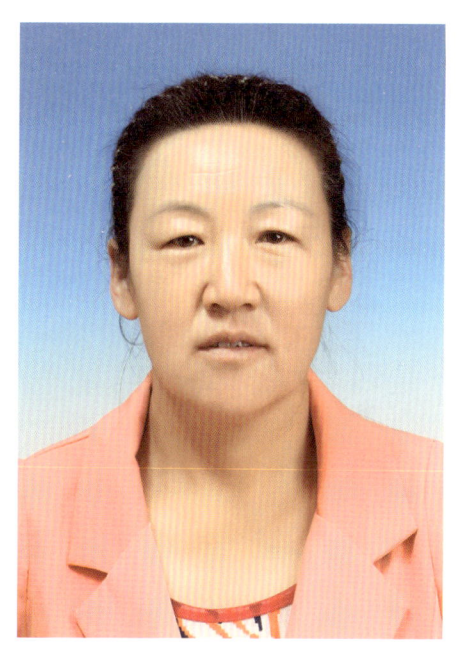

杨晓梅，1964年出生，宁夏石嘴山市平罗县人。她自小跟随姐姐学习剪纸、刺绣技艺，为后来农民画的创作打下了良好的基础。20世纪80年代她开始跟随平罗县较有名气的农民画家王洪喜等人学习绘画，继承了平罗县民间传统绘画的技法。她的作品朴实，生活气息浓郁。题材主要来源于农村，从播种、收获、节庆、婚嫁到娱乐休闲等农民生活，内容十分丰富，构思巧妙，画面饱满充实，用色活泼大胆、鲜艳明快，充满生活热情和情趣。她的作品中写实的造型往往施以夸张的、强烈的色彩，具有一种原始的生命之美。代表作品有《掰玉米》《回娘家》《赶集》《五谷丰登》《农家乐》等。

2010年被认定为自治区级非物质文化遗产项目代表性传承人。

洪秀梅 | 传统美术·剪纸

洪秀梅，回族，1951年出生，宁夏银川市西夏区人。她自幼看着奶奶、姑母在炕上剪纸，十一二岁开始跟随姑母学习剪纸技艺，至今有50多年的剪纸艺龄。她的剪纸作品题材广泛，小到花鸟鱼虫，大到节庆、自然美景等等，内容多样，细腻生动。她在剪纸方面有一定的天赋，剪纸时不用提前描画图样，无论是电视上的画面还是身边的场景，只要看过一遍，都可以一气呵成，信手剪来。2005年作品荣获兴泾镇首届剪纸类作品二等奖；2008年作品获西夏区"迎奥运迎大庆　颂四德倡清廉"大型书画展三等奖。

2010年被认定为自治区级非物质文化遗产项目代表性传承人。

周国霞

传统美术·剪纸

周国霞，1962年出生，宁夏中卫市海原县人。她自幼跟随外婆和母亲学习剪纸、刺绣、扎纸花。在接受传统剪纸技艺时加入自己的想法和创新，拓宽了传统的剪纸题材。她往往先绘后剪，构思巧妙，加之刀法娴熟，作品细腻精巧，线条流畅，具有工笔画的韵味。她特别偏爱花、鸟、草、树木等题材，能够借生活中常见的事物，通过谐音、象征等手法，构成寓意性很强的艺术画面，情感处理细腻，寓意深远，颇能打动人心。代表作品有《传统二十四孝》《百龙图》《梅兰竹菊》等，《家乡的硒砂瓜》荣获2008年第四届中国国际剪纸艺术展铜奖。

2010年被认定为自治区级非物质文化遗产项目代表性传承人。

传统美术·剪纸

伏兆凤

伏兆凤，1966年出生，宁夏中卫市人。她的父亲擅长农民画，母亲会剪纸、刺绣，三姐妹（伏兆娥、伏兆凤、伏兆苗）受父母的影响，从小就画画、剪纸。她的剪纸作品古朴典雅，线条粗犷豪放、苍劲有力，但又不失隽秀之美。她曾多次参加全国各地剪纸展览并获奖，作品发表于10多家刊物。她把自己的技艺传授给乡村姐妹，并多次走进中小学课堂教授剪纸技艺。2003年作品《王老怪攒钱记》获固原市文化产品剪纸类一等奖；2007年作品《跑旱船》获第三届（山西·大同·广灵）国际剪纸艺术节二等奖；2010年作品《红楼梦》获中国（宁夏）国际投资贸易洽谈会宁夏妇女手工艺品展一等奖。

2010年被认定为自治区级非物质文化遗产项目代表性传承人。

伏兆苗

传统美术·剪纸

伏兆苗，1970年出生，宁夏中卫市人。她自幼受父母影响，喜爱绘画、剪纸。1989年开始发表剪纸作品，并多次参加全国各地大型剪纸展览活动。她的剪纸连环画作品《鸡吃了我的驴》发表于2006年第7期《中国连环画报》。2006年作品《财神》获第二届国际剪纸艺术展银奖，作品《八仙》被中央民族大学博物馆收藏；2007年作品《子孙万代》获第三届国际剪纸艺术展铜奖；2008年作品《白发老娘》获第四届国际剪纸艺术展金奖；2010年作品《二牛抬杠》被中国农业博物馆收藏；2015年作品《王二小》在上海反法西斯剪纸艺术展上获铜奖，并被上海剪纸艺术馆收藏。

2010年被认定为自治区级非物质文化遗产项目代表性传承人。

宁夏第二批自治区级非物质文化遗产项目代表性传承人名录

姚占桂

传统美术·刺绣

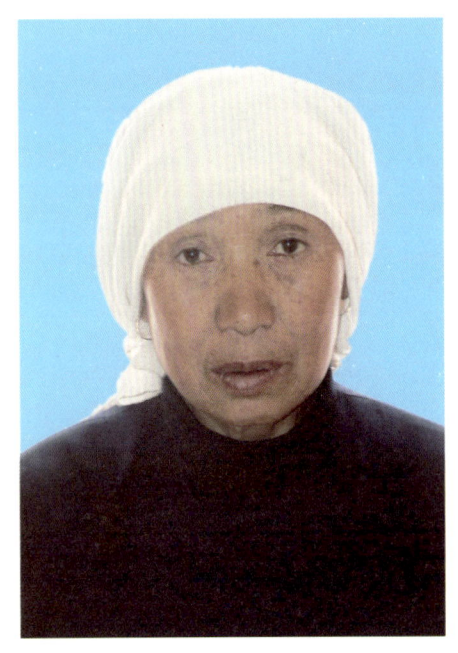

姚占桂，回族，1958年出生，宁夏固原市西吉县人。西吉县火石寨妇女一直有刺绣的传统，她从八九岁开始就跟随村里长辈邻里学习刺绣技艺，十几岁已经能够制作枕顶、枕套、门帘、苫被单、鞋垫等生活用品。所绣图案题材大多取材乡间动植物，特别擅长绣鸳鸯、莲花、牡丹、荷花、竹子、燕子等。她的刺绣作品具有独特艺术风格，充满乡土气息，真切地反映出她对大自然、对美好事物的喜爱和向往。

2010年被认定为自治区级非物质文化遗产项目代表性传承人。

传统美术·刺绣

王淑萍

　　王淑萍，1967 年出生，宁夏吴忠市盐池县人。她自幼跟随外婆学习刺绣、剪纸，十几岁时刺绣技艺已经十分娴熟，能够帮助邻里村民绣制嫁妆等。随着自身技艺的不断提高，她将家传宫廷刺绣方法和西北民间刺绣技法融为一体，逐渐形成了独特的刺绣风格。2007 年她创办了"萍之绣"手工刺绣坊，并长期举办刺绣培训班，带动了当地很多下岗女工和农村妇女再就业。2012 年她代表宁夏刺绣传承人赴塞舌尔进行文化交流，在塞舌尔开设刺绣培训班，来自塞舌尔视觉艺术学校、青年协会等 50 余名学员参加了培训班。

　　2010 年被认定为自治区级非物质文化遗产项目代表性传承人。

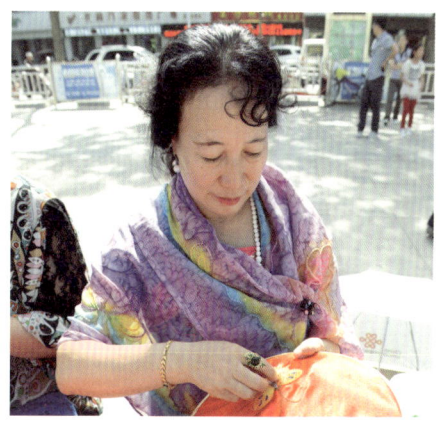

传统美术·刺绣

田志梅

　　田志梅，回族，1947年出生，宁夏中卫市海原县人。她从小跟随老祖母、奶奶、母亲学习刺绣，擅长以传统针法绣制鞋垫等。曾担任海原职中刺绣坊指导老师，2011年被石嘴山市残联聘请为残疾人协会刺绣总指导老师。作品曾在《人民日报》《宁夏日报》等刊登，并在各级书画手工艺展中获奖。作品《花儿故乡》《十二生肖》《五鸟图》等作品被宁夏博物馆等单位收藏。2015年她创办了"田志梅手工刺绣传承家庭作坊"，致力于刺绣技术的研发、传承。

　　2010年被认定为自治区级非物质文化遗产项目代表性传承人。2018年去世。

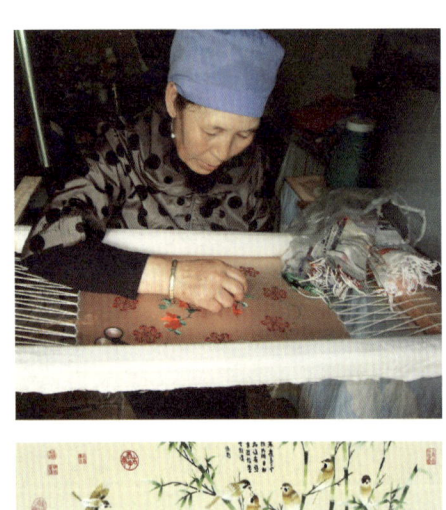

杨贤龙

传统美术 · 杨氏家族泥塑

　　杨贤龙，1977年出生，宁夏固原市隆德县人。杨氏家族泥塑第六代传承人之一，高级工艺美术师。他自幼受家传艺术熏陶，在祖辈的指点和引导下继承杨氏彩塑艺术精华，还通过自学完成了工艺美术课程，将现代美学的审美要求和传统家族民间艺术结合起来，并发表了多篇论文。他在保持鲜活民间特色的基础上大胆创新，形成了粗犷中见细腻、无形中见法度的艺术风格。近年来他随家族彩塑艺术组在全国各大名山古刹雕塑佛像共计3000多件，还精于工艺品的模具翻制。他先后创作了《天神》《上山虎》等一批个性鲜明的彩塑作品，多次参加各种展览和大赛并获奖。2015年作为宁夏文化代表团成员出访澳大利亚和新西兰。

　　2010年被认定为自治区级非物质文化遗产项目代表性传承人。

魏世祥

传统美术·砖雕

魏世祥，1927年出生，原籍甘肃省庄浪县，现定居宁夏固原市隆德县凤岭乡于河村。魏氏家族砖雕第三代传承人。他一生酷爱砖雕艺术，作品在隆德以及全区享有很高的声誉。他主要雕刻屋脊与兽头，造型有龙、凤、鱼、花、鸟等，风格古拙、朴实，造型独特。仿古的"蛟龙脊兽""巨鬃脊兽""狮子滚绣球"等，古朴大方，将装饰性和实用性融为一体，深受人们喜爱。他的作品在1995年"万博杯"艺术之乡精品展示大赛中获一等奖。大型系列砖雕作品被自治区群艺馆收藏。

2010年被认定为自治区级非物质文化遗产项目代表性传承人。2012年去世。

苏维童

传统美术·隆德民间社火脸谱

苏维童，1945年出生，宁夏固原市隆德县人。他出身于耕读世家，历史知识丰富，熟知历史典故和古代人物的生平业绩、忠奸功过。除有绘画技术外，他对地方戏剧的剧情、道白、唱词也颇有研究。作为苏氏脸谱的第八代传承人，他在青年、中年时期，认真整理和保护祖传下来的200幅脸谱作品，同时又吸取了隆德传统戏剧脸谱的特点，进一步完善隆德社火脸谱艺术。2007年，出版了《民间社火脸谱》一书，为宁夏隆德民间社火脸谱艺术的发扬和推广作出了积极贡献。

2010年被认定为自治区级非物质文化遗产项目代表性传承人。

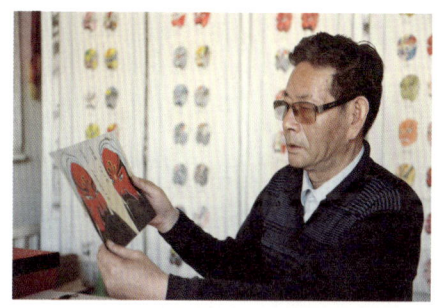

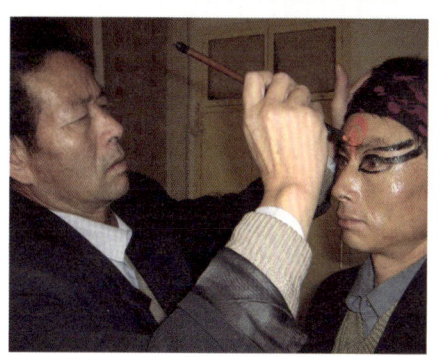

毛强 — 传统技艺·老毛手抓羊肉制作技艺

毛强，回族，1948年出生，宁夏吴忠市人。他的太爷爷在清朝光绪十二年（1886）便开始卖手抓羊肉，毛强为第四代传承人。继承祖业以来，他一直秉承祖训，致力于老毛手抓羊肉制作技艺的传承。他不但悉心总结了家传百年老店的经营理念和烹制技术，还努力将其发扬光大。老毛手抓羊肉不但被国家认定为"中华名小吃"，老毛手抓美食楼还被中国烹饪协会授予"中华餐饮名店"称号，"老毛"牌商标也被宁夏回族自治区工商局认定为宁夏著名商标。在毛强的不断努力下，百年历史的"老毛手抓"成为名副其实的民族品牌而享誉海内外。

2010年被认定为自治区级非物质文化遗产项目代表性传承人。

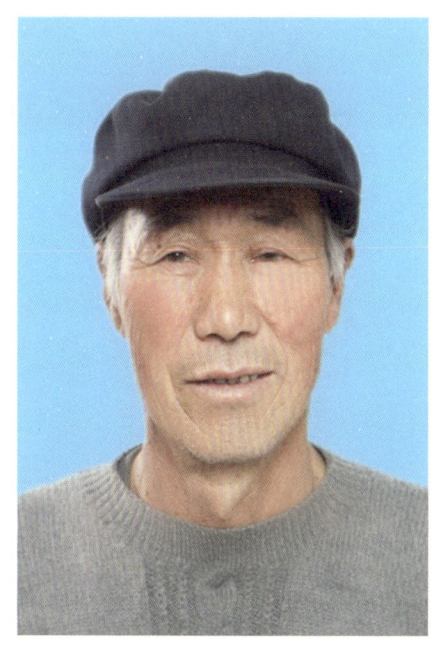

高 勇

传统技艺·羊皮筏子制作技艺

高勇，1945年出生，宁夏中卫市人。18岁高中毕业后，他跟随爷爷、父亲用羊皮筏子从事黄河运输营生，同时向祖辈学习制作羊皮筏子，聪慧、敏捷的他很快就熟练掌握了这门手艺。从那时开始，他便利用羊皮筏子常年在黄河水道上从事煤炭、香水梨、大枣等货物及人员的运输。他不仅熟通水性，而且对河水涨落、起伏、暗流的状况了如指掌，对筏子的控制技能十分娴熟，是当地最有名气的老筏子工。

2010年被认定为自治区级非物质文化遗产项目代表性传承人。

唐世俊 传统技艺·羊羔酒酿造技艺

唐世俊，1950年出生，宁夏银川市灵武人。灵武羊羔酒在历史上曾是贡酒，1874年之前，唐家先辈唐谦、唐酿就已建作坊生产该酒。羊羔酒选料讲究，配料纯正，清澈明亮，果香四溢，没有一点羊的膻味。唐世俊根据家传秘方，在父亲的指点下，经过大量的研究和试验，抢救整理、恢复、更新了羊羔酒的酿制工艺。他选用优质糯米、枸杞、灵武长红枣等配料，酿造工艺既继承了传统，又结合现代科技大胆创新，在经历了无数次失败与挫折之后，终于成功研制出枸杞羊羔酒、枸杞乌鸡酒、枸杞乳鸽酒、枸杞牛肉酒等4个系列20多个品种，2006年获得国家发明专利。

2010年被认定为自治区级非物质文化遗产项目代表性传承人。

陈梅荣 传统技艺·贺兰砚制作技艺

陈梅荣，1946年出生，宁夏银川市人。宁夏一级工艺美术大师。1964年她开始跟随贺兰砚制作大师闫子江学习雕刻技艺。作品题材主要以九龙套砚为主，兼刻龙凤砚、葫芦砚等。雕刻技法根据不同物象施以浅浮雕、线刻、高浮雕、镂空雕、立体雕相结合的方式，吸取众家之长，力求造型生动。作品《九龙套砚》被中国工艺美术馆收藏。

2010年被认定为自治区级非物质文化遗产项目代表性传承人。

杨志堂

传统技艺·擀毡

杨志堂，回族，1937年出生，宁夏中卫市海原县人。他自幼跟随家里的长辈学习擀毡技艺，熟练掌握弹毛、铺毛、卷毡、洗毡、擀毡、晒毡等每道工序。20世纪60年代毡制品在人们生活中广泛应用，他的擀毡手艺精湛，擀出的毡柔软舒适，防潮防湿，经久耐用，得到了广大乡邻的认可。改革开放以后，随着物质文化生活水平的提高，土炕、羊毛毡逐渐退出了人们的生活，从事这一行业的人越来越少。

2010年被认定为自治区级非物质文化遗产项目代表性传承人。

王玉成

传统技艺·擀毡

王玉成，1952年出生，宁夏银川市人。他从小跟随父亲走南闯北学习擀毡，20岁出头从父亲手中接过擀毡手艺，并很快成为当地的擀毡老把式。他靠着娴熟、精湛的擀毡技艺在十里八乡赢得了良好的口碑，人称"王毡匠"。但随着社会经济高速发展，新的工业产品替代了传统手工艺品，2000年开始，他的擀毡生意越来越清淡。2007年他在镇北堡西部影视城建立擀毡坊，为各地的游客表演传统擀毡技艺。

2010年被认定为自治区级非物质文化遗产项目代表性传承人。

宁夏第二批自治区级非物质文化遗产项目代表性传承人名录

刘旭晨 | 传统医药·回族汤瓶八诊疗法

刘旭晨，1959年出生，宁夏银川市人。他1980年开始跟随杨华祥学习汤瓶八诊疗法，研习汤瓶功法。曾在广州医学院国际学院传统医学专业深造。他在杨华祥创办的汤瓶八诊养生坊工作多年，专业从事汤瓶八诊疗法在临床当中的运用和实践。曾为来自阿联酋、马来西亚等国家的国际友人提供汤瓶八诊理疗服务，得到了高度评价和肯定。2008年10月，赴马来西亚汤瓶八诊康复理疗中心工作，为宣传汤瓶八诊疗法起到了积极的作用。

2010年被认定为自治区级非物质文化遗产项目代表性传承人。

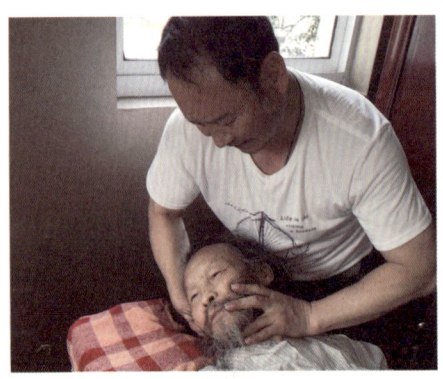

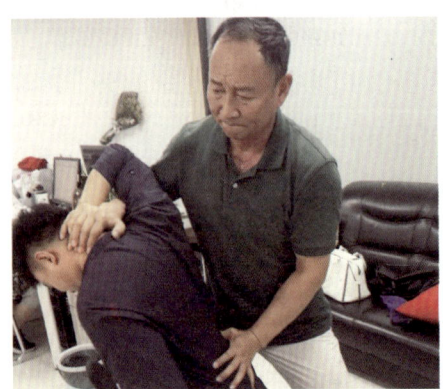

张金海

传统医药·张氏回医正骨疗法

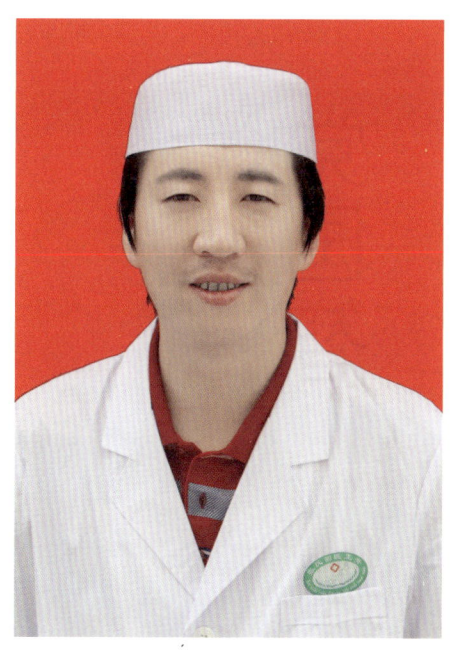

张金海，回族，1980年出生，宁夏吴忠市人。张宝玉先生次子，张氏回医正骨疗法第四代传承人之一。2002年毕业于宁夏医科大学临床医学专业，一直致力于张氏回医正骨疗法的学习与实践，现为宁夏吴忠张氏回医正骨医院副院长。他从事张氏回医正骨工作十多年，医学基础理论知识扎实，对各类骨折、骨关节脱位、烧烫伤、创伤疮疡、骨髓炎等疾病有着丰富的临床治疗经验。他整理总结父辈多年的临床经验和学术思想，结合自身实践经验，撰写发表学术论文5篇。

2010年被认定为自治区级非物质文化遗产项目代表性传承人。

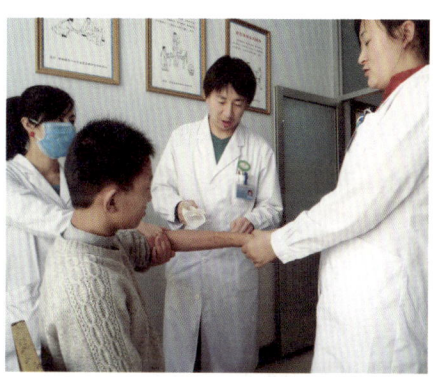

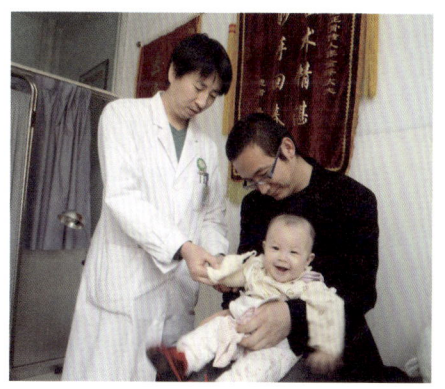

党国智

民俗·高台马社火

党国智，1949年出生，宁夏固原市隆德县人。读书期间，他就喜爱文艺活动，并跟随本村苏兴元、马明福、郭炳章老艺人学习秦腔和社火制作，后又向其舅父张光旭学习社火脸谱及高台马社火制作技艺。他从事民间戏剧及社火活动近50年，收藏民间流传秦腔剧本80多册，戏剧脸谱160多个。为了进一步提高脸谱画技，将传统脸谱与现代戏剧脸谱相结合。同时他大量阅读和收集民间流传的历史故事，在继承民间传统高台马社火艺术的基础上，已形成了大方美观、题材新颖又不失法度的个人艺术特色。

2010年被认定为自治区级非物质文化遗产项目代表性传承人。

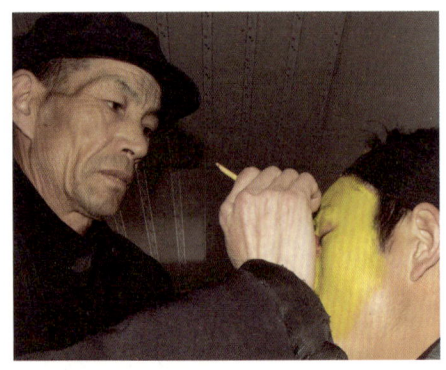

民俗·回族服饰

杨发祥

杨发祥，回族，1949年出生，宁夏吴忠市人。家中祖辈都是当地有名的裁缝，他13岁起随父亲学习传统回族服饰的裁剪制作技术。17岁独立从事服装加工制作，并将祖业传给兄弟，后带领兄弟、弟媳、女儿开办服装工作坊。他悉心研究回族群众的穿着习惯和消费心理，凭着多年的经验和细心的观察，不断探索回族服饰的用料、款式，在设计上不断贴合回族群众的生活需求，研发出具有鲜明风格的服饰，满足广大回族群众对特色服饰的需求。

2010年被认定为自治区级非物质文化遗产项目代表性传承人。

陈连科
民俗·六盘山九龙莲花池祭祀民俗

陈连科，1947年出生，宁夏固原市隆德县人。他广泛收集六盘山九龙莲花池的各种传说故事和相关资料，从1996年开始重建九龙莲花池。2006年，他被推选为九龙莲花池会长，之后走访周边各乡村，请教老一辈九龙莲花池祭祀的会长和参与者，并根据掌握的历史资料，使六盘山九龙莲花池祭祀活动得到完整恢复。每年农历六月六日的祭祀活动不但声势浩大，而且恢复了每年十多次的小型祭祀，由最初单一的祭祀活动发展演变成以祭祀活动为载体，含有历史、民俗、艺术、商贸等诸多文化内容的传统民间文化活动。

2010年被认定为自治区级非物质文化遗产项目代表性传承人。

张忠智

民俗·隆德民间祭山

张忠智，1952年出生，宁夏固原市隆德县人。他1975年拜李荣贵为师，在李荣贵的亲自点教下，完整掌握了隆德地区传统醮场和祭祀程序，特别是其中的"一写二念三吹打"等技艺。多年来，他认真钻研，四处求教，搜集整理并记录民间祭山相关文献，整合各派之长，最后形成了一整套完整的隆德民间祭山程序。2001年，李荣贵老人亲手将传承了几代人的祭山秘籍《五雷阵法》传给他，他成为隆德民间祭山活动的重要人物之一。

2010年被认定为自治区级非物质文化遗产项目代表性传承人。

张万宝 民俗·中卫香山水会

张万宝，1938年出生，宁夏中卫市人。中卫香山水会是一种集祭祀、音乐、舞龙等为一体的民间民俗活动，深受当地百姓喜爱。他40岁时开始参与中卫香山水会活动，后接任中卫香山水会会长，能够掌握香山水会完整祭祀仪程及音乐，在祭祀仪程中主发祭文（领头喝唱），指挥信众进行取水仪式、诵经、舞龙等祭祀活动。

2010年被认定为自治区级非物质文化遗产项目代表性传承人。

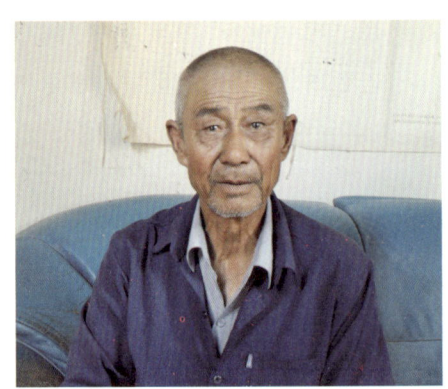

宁夏第三批自治区级非物质文化遗产项目代表性传承人名录

张跃政 民间文学·平罗民间故事

张跃政，1952年出生，宁夏石嘴山市平罗县人。他从小就喜欢听、收集身边老辈人特别是外祖父刘怀德、母亲刘凤英、舅舅刘雪山等讲述的传说、歌谣、故事、谚语等。50多年来，他经过不断积累，先后收集并油印谚语7册6000多条，歌谣5册200多首，传说、故事8册200多篇。他精选传说102篇，歌谣193首，故事92篇，出版了《珍宝传说》《珍宝歌谣》《珍宝故事》，这3本书先后荣获国家山花奖，宁夏回族自治区党委宣传部、宁夏文联第八次文学艺术二等奖，石嘴山首届文学艺术一等奖，并入选宁夏农家书屋工程用书。

2013年被认定为自治区级非物质文化遗产项目代表性传承人。

王汉军

民间文学·西吉春官词

王汉军，1957年出生，宁夏固原市西吉县人。他自幼在父亲的影响下，热爱民间社火艺术，在学习传承的基础上，与时俱进，不断创新，从演艺技巧和语言方面对春官词不断创新改编，将现今社会、生活、经济发展变化编入春官词中，说物、说景、说事、说人，其表演贴近生活，声情并茂，朗朗上口，喜闻乐见。近年来，创作的《百善孝为先》《科学发展抓紧些》《抗击非典三字经》《赞世博颂祖国》等作品被中国国学研究会评为优秀作品，深受广大群众欢迎。

2013年被认定为自治区级非物质文化遗产项目代表性传承人。

唐祥

传统音乐·回族山花儿

　　唐祥，1957年出生，宁夏银川市人。他先后师从邓明星、王向荣、马生林，2006年被中国花儿王朱仲禄收为关门弟子。近年来他积极推动宁夏花儿进校园的传承活动，在原银川五中、银川市回民中学开设花儿课程，并多次在社区、社会文化团体内举办花儿培训班。2003年获得宁夏民歌大赛银奖；2006年获西北五省区花儿大赛金奖；2007年获得中国西部十二省区歌手大奖赛银奖；2013年获得全国花儿大赛二等奖。2012年出版了《宁夏山花儿——唐祥演唱专辑》个人专辑。

　　2013年被认定为自治区级非物质文化遗产项目代表性传承人。

杨生财

传统音乐·回族山花儿

杨生财，回族，1954年出生，宁夏中卫市海原县人。他自幼被花儿优美的唱词、动听的曲调吸引，12岁跟叔叔杨保林学唱花儿，基本掌握了花儿演唱技巧及特点。代表曲目有《高不过蓝天深不过海》《好不过如今的好政策》等。近年来积极投入到花儿传承教育工作中，现有徒弟杨生平、杨万贵、杨万录等。同时他还被海原县九彩乡中学、九彩小学聘为花儿传承教师，几年来已为300余名中小学生传授了花儿唱法和演唱技巧。

2013年被认定为自治区级非物质文化遗产项目代表性传承人。

张正国　传统音乐·回族山花儿

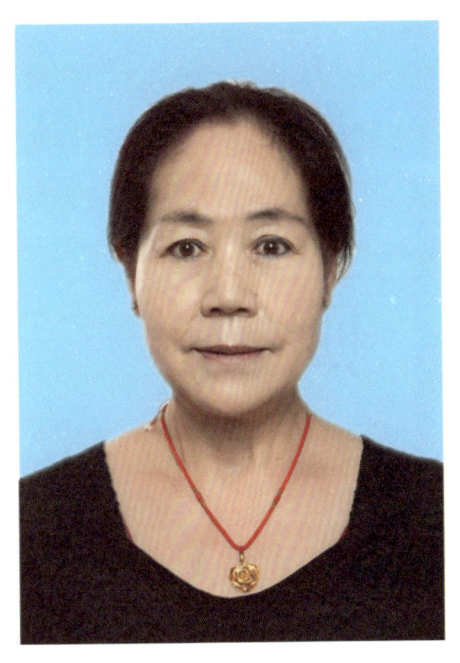

张正国，1959年出生，宁夏中卫市海原县人。她自幼爱唱花儿，曾跟随马生林、马汉东学唱花儿。先后在海原县民族文工团、海原县文化馆工作，经过多年的学习实践和探索，演唱水平有了很大的提高。她先后荣获固原市花儿歌会二等奖、全国少数民族歌手邀请赛三等奖、"沙湖杯"花儿邀请赛三等奖等。1993年，她随宁夏民族民间歌舞团出访日本进行文化交流，演唱的花儿受到国外人士的好评。在花儿歌舞剧《海风吹绿黄土地》《大山的女儿》《回族婚礼》中担任主唱和重要角色。近年来，她在花儿进校园活动中担任主讲老师，给当地回中和职中学生传授花儿，学生达千余人次。

2013年被认定为自治区级非物质文化遗产项目代表性传承人。

撒丽娜

传统音乐·回族山花儿

撒丽娜，回族，1986年出生，宁夏中卫市海原县人。从小能歌善舞的她从宁夏固原民族师范学校毕业后，进入海原县歌舞团，开始学习表演花儿。一次偶然的机会撒丽娜与马汉东同台演唱，并跟随其学习花儿演唱技巧。她唱的花儿高亢悠扬而不失甜美清新。2008年荣获宁夏首届乡村青年歌手大赛一等奖；2009年荣获第七届中国西部民歌（花儿）歌会铜奖；2011年荣获第二届西北花儿王选拔一等奖、第九届中国西部民歌（花儿）歌会金奖。代表曲目有《眼泪花花把心淹了》《绿韭菜》《阿哥的白牡丹》等。

2013年被认定为自治区级非物质文化遗产项目代表性传承人。

金文忠

传统音乐·回族山花儿

金文忠，回族，1973年出生，宁夏银川市人。他对花儿有着特别的热爱与执着，师承国家级非物质文化遗产代表性传承人马生林老师，后跟随马汉东、张建军等老师学艺。2008年荣获第十三届青年歌手大奖赛宁夏赛区原生态组第一名、中国西部民歌（花儿）歌会银奖、第二十九届奥运会和残奥会"中国故事·祥云小屋"展演活动个人贡献奖；2010年参加上海世博会演出活动，获个人贡献奖；2011年参加由甘、青、宁三省（区）电台共同举办的原生态花儿大赛，获个人奖第三名。

2013年被认定为自治区级非物质文化遗产项目代表性传承人。

马学军

传统音乐·回族山花儿

马学军，回族，1982年出生，宁夏固原市人。家中祖辈都会唱花儿，他声音高亢明亮，从小耳濡目染，会唱多首本地原汁原味的花儿。2007年参军后，演唱花儿的特长得到部队领导的支持和战友的喜爱，先后参加了央视青年歌手大奖赛、中国西部民歌（花儿）歌会、西北花儿歌王大赛等重大演出、比赛，并多次获奖，是宁夏知名的战士歌手。代表作品有《牡丹俊了》《哥是阳沟妹是水》《吆骡子》《眼泪花花把心淹了》等。

2013年被认定为自治区级非物质文化遗产项目代表性传承人。

王德贤

传统音乐·回族山花儿

王德贤，土族，1940年出生，宁夏银川市贺兰县人。他从小喜爱花儿，儿时放牛和劳动时跟随大人学唱了不少花儿，成年后先后拜花儿名家鲁家宝、王少明为师。凭借对花儿的热爱和勤奋练习，他在短短的几年间就成为当地有名的歌手。虽年近八旬，但演唱时嗓音洪亮，真假声交错有致，音色高亢、嘹亮、悠扬、清新。他既擅长演唱传统花儿，如《河州令》《白牡丹令》《大眼睛令》等，又创作并演唱了许多反映新时代生活的花儿作品，如《金山有那甜瓠瓠瓜》《心里亮堂漫花儿》等。

2013年被认定为自治区级非物质文化遗产项目代表性传承人。

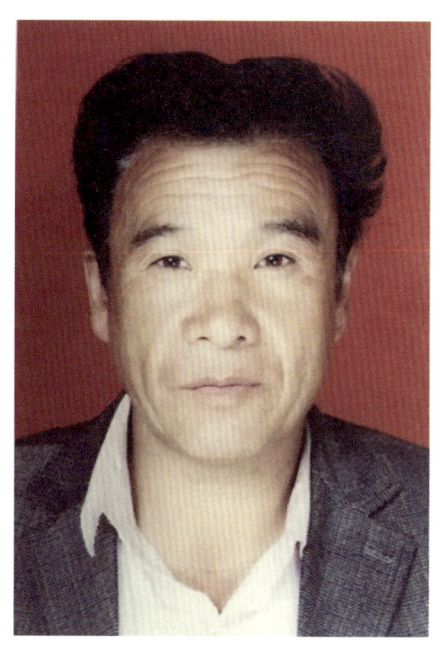

马志学

传统音乐·回族山花儿

马志学，回族，1962年出生，宁夏固原市人。1967年开始跟随父亲马忠有学唱花儿，基本掌握了宁夏花儿的各种曲令，形成了高亢空灵、婉转低回相交替的独特演唱风格。所有景物在他口中都能随编随唱，并且词意贴切、情景生动。他多年来记录整理了传统花儿200多首，创作了30多首花儿作品。代表作品有《拔了麦子拔胡麻》《西口外挖一回大黄》《下庄里看一回你来》《黄河沿上冰溜子》《谁不说我俩是联手》等。

2013年被认定为自治区级非物质文化遗产项目代表性传承人。

马得荣

传统音乐·回族山花儿

马得荣，回族，1976年出生，宁夏固原市人。他从小喜欢花儿艺术，曾跟随花儿国家级代表性传承人张明星、原州区炭山乡花儿王杨德武学习花儿演唱技巧。他继承了宁夏六盘山花儿及宁夏民间小调的特点，嗓音高亢悠扬，对颤音技巧把握到位，并且能够根据看到的事物及意境进行即兴创作。近年来，他多次参加区内外各种花儿演出比赛活动，代表作品有《沙燕绕》《直令》《黑鹰和黄鹰打了一仗》《骑上尕驴赶上牛》《好花儿出给着固原》《三闪令》《六盘山上浪来》等。

2013年被认定为自治区级非物质文化遗产项目代表性传承人。

张滢

传统音乐·回族山花儿

张滢，回族，1967年出生，宁夏固原市泾源县人。她从小跟村里老辈们学唱花儿，1979年在泾源县文艺队工作，开始专门学习花儿演唱技巧，熟练掌握宁夏花儿各种唱法和曲调。代表曲目有《眼泪花花把心淹了》《阿哥的白牡丹》《园子里长的绿韭菜》《山里的野鸡娃红冠子》《粗嗓门唱不够对你爱恋》等。同时还对泾源当地花儿进行了搜集整理，在此基础上创作改编了《上去高山望平川》《小郎害病》《赶麦场》《山里的野鸡娃红冠子》《花儿好不过牡丹，人里头好不过少年》等。

2013年被认定为自治区级非物质文化遗产项目代表性传承人。

何生兰

传统音乐·回族民间器乐

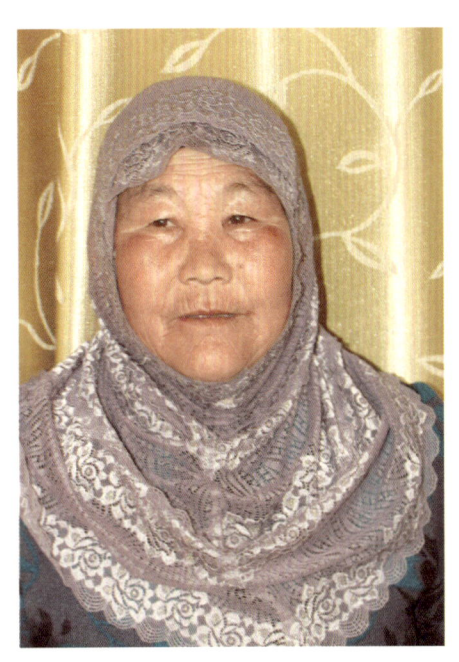

何生兰，回族，1953年出生，宁夏中卫市海原县人。她自幼喜爱口弦，十几岁开始跟随母亲苟成花学习制作竹口弦和弹奏技巧，完全掌握了木制口弦的弹奏和制作技艺。民间大多数人弹奏口弦惯用的手法为左手持琴体，右手手心向内侧（为正），手指拨动舌簧。而她在弹奏指法上略有不同，擅长使用反弹指法，即右手的手心向外侧（为反），手指拨动舌簧。其徒弟穆小花、马小兰等也已完全掌握了口弦弹奏及制作技巧。

2013年被认定为自治区级非物质文化遗产项目代表性传承人。

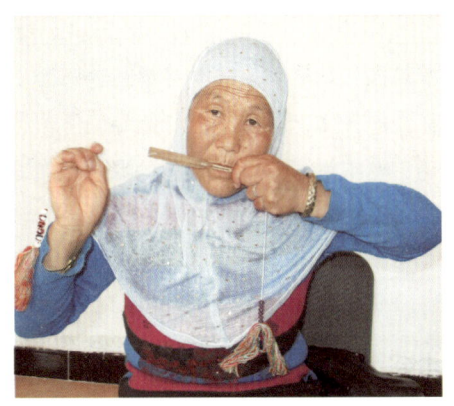

传统舞蹈·舞狮

李丰春

李丰春，1946年出生，宁夏中卫市中宁县人。中卫刘庙舞狮的传承人之一。他1957年师从叔父李作新、李如章等人学习武艺和刘庙舞狮，继承了刘庙舞狮雄伟健壮、健康向上的表演特色，武术功底扎实，能完成刘庙舞狮高难度的精华套路，能自制狮子（包括狮头、狮身等）。从20世纪60年代开始，每逢春节或喜庆节日他都参与和指导刘庙舞狮活动，指导和参与表演的刘庙舞狮多次荣获市、县级社火调演一、二等奖。近年来，多次被石嘴山尾闸乡，中宁县红滩村、上庄村等地聘请前往教授舞狮，为刘庙舞狮培养了多名接班人。

2013年被认定为自治区级非物质文化遗产项目代表性传承人。

张正洪

传统舞蹈·舞狮

张正洪，1944年出生，宁夏中卫市中宁县人。中宁张庄舞狮传承人之一。他8岁起跟随张建堂、张满堂、张登第等人练习武术，同时学习舞狮及狮子制作技巧。张庄舞狮鼎盛时有90余种武术套路，目前遗存20余种，他继承了现存的张庄舞狮文耍、武耍的所有精华套路。其中，在六张桌子上表演的四门斗地、狮子上山、翻天印等经典套路及小洪拳、大洪拳、对子拳、空手夺刀等武术选段，动作巧妙、惊险，极具观赏性。目前，张庄舞狮在他的言传身教下，已有10多人可熟练表演。

2013年被认定为自治区级非物质文化遗产项目代表性传承人。

魏 银

传统舞蹈·舞狮

魏银，1946年出生，宁夏吴忠市人。魏家车门舞狮第四代传承人。魏家舞狮以武耍为主，经典套路有耍刀枪棍、狮子滚绣球、上高桌等，都需要表演者具备深厚的武术功底。他受家族熏陶，从小就喜欢舞刀弄棍，并随同家中长辈学习武术。经过多年学习摸索，他已经完全掌握各种刀棍技巧及魏家舞狮的经典套路，并培养了传承人十余名。多年来魏家舞狮一直活跃在当地民间社火表演和比赛中，由他参与和指导的舞狮多次在宁夏回族自治区、吴忠市各类社火、舞狮比赛中获奖。

2013年被认定为自治区级非物质文化遗产项目代表性传承人。

传统舞蹈·舞龙

朱兴龙

朱兴龙，1935年出生，宁夏吴忠市人。他从小热爱舞龙艺术，勤奋好学，受到当地罗家湖村罗兆年师傅的喜爱，并将他的舞龙技艺倾囊相授。经过多年学习，他已完全掌握了深执、盘、抖、卷、翻、缠、跳、跃、戏、转、游等传统高难度舞龙技巧，特别是游龙、穿腾、翻滚等动作，速度快、力度强、幅度大，富有连贯性，给人目不暇接的感觉。他自1967年开始担任吴忠板桥乡舞龙队领队以来，努力创新舞龙技艺，编排套路，制作道具，培养传承人，并领队参加了宁夏、内蒙古等地的300多场社火展演，先后获得各类奖项30余项。

2013年被认定为自治区级非物质文化遗产项目代表性传承人。

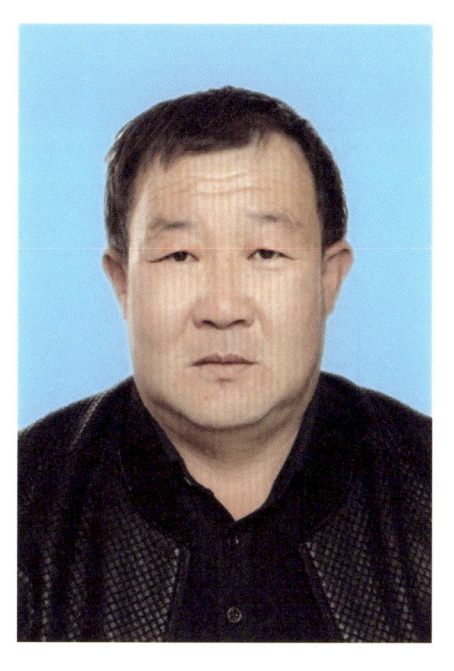

传统舞蹈·隋唐秧歌
蒋汉清

蒋汉清，1966年出生，宁夏中卫市中宁县人。他从小非常喜欢观看本村老一辈人表演的隋唐秧歌，经常在秧歌队彩排时在一旁模仿。当时秧歌队李兴成师傅见他耍得有模有样，又有学习的愿望，便吸收其参加隋唐秧歌队，并传授动作和套路技巧。1989年毕业后他任村委会团支部书记，负责文艺宣传工作，并开始正式组队参加隋唐秧歌的表演活动。他多年来凭借对隋唐秧歌的热爱和不断的学习摸索，已基本掌握了隋唐秧歌的传统套路和技巧，动作干净利落，飘逸沉稳，极具观赏性。

2013年被认定为自治区级非物质文化遗产项目代表性传承人。

刘秉国 传统舞蹈·黄羊钱鞭

刘秉国，1957年出生，宁夏中卫市中宁县人。黄羊钱鞭是流传于中宁县黄羊村的一种集舞蹈、健身、体育和防身为一体的综合民间艺术表演形式，动作矫健潇洒、节奏流畅、载歌载舞、气氛欢快，打法丰富多彩。他自幼喜爱观看打钱鞭表演，12岁开始正式学习黄羊钱鞭，18岁时已掌握了当地民间流传的所有打法和技巧。近年来，中宁三中与黄羊完小开设黄羊钱鞭教学课程，并成立了学生钱鞭表演队，聘请他担任专职教练，他搜集编印了《钱鞭神韵》校本教材。他将黄羊钱鞭传统打法归纳为10个花样14个基本动作，并创新编排出了许多大家喜爱的系列钱鞭。

2013年被认定为自治区级非物质文化遗产项目代表性传承人。

传统舞蹈·高跷

辛昌盛

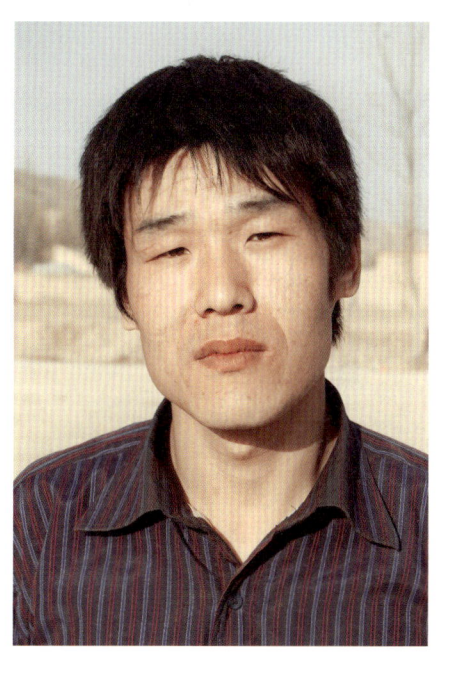

辛昌盛，1983年出生，宁夏固原市隆德县人。他自幼受家传高跷表演艺术影响，3岁起跟随爷爷学踩高跷。在苦练家传高跷技艺的同时，他先后吸收河北、新疆、浙江高跷艺人的表演技艺，总结和探索出了多种高难度的惊险动作，能够完成跨步越障、劈叉、金鸡独立、过天桥、侧身飞桌等多种惊险动作。在他的影响下，当地很多年轻人前来学习高跷，并成立了高跷表演队。近年来，由他组织带领的高跷表演队多次参加春节社火展演活动，受到广大群众一致好评。

2013年被认定为自治区级非物质文化遗产项目代表性传承人。

传统戏剧·皮影

王绍西

王绍西，1965年出生，宁夏银川市人。他11岁开始跟随师傅秦世贵学习演唱皮影戏，20世纪80年代开始跟随师父在同心县张家源乡、预旺镇等地参加演出。经过多年的刻苦学习和表演，已熟练掌握皮影戏演出技艺。他将人生经历与喜怒哀乐的情感，用皮影戏演唱形式表达出来，演唱风格古朴、沧桑、豪放。近年来，他一直坚持在镇北堡西部影视城、新市区工人文化宫、沙湖景区等地演出皮影戏，同时收集整理了100多出传统经典曲目，并无私地将这些曲目和表演技巧倾囊传授给杨国栋等8名徒弟。

2013年被认定为自治区级非物质文化遗产项目代表性传承人。

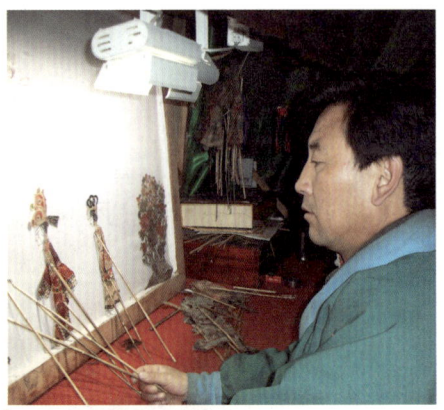

杜学明

传统戏剧·秦腔

杜学明，1946年出生，宁夏固原市隆德县人。他12岁进入隆德县隆声秦剧团跟随王维祺、赵易民学习秦腔戏剧基本功。1976年筹办温堡乡建国村业余秦腔剧团；1985年进入隆德秦剧团演戏；1992年隆德秦腔剧团解散，他被调到山河乡担任文化站干事；2002年退休后自己组建隆德大众秦剧团。他专攻武须生，从角色内在性格、外表形象、唱腔各方面成功塑造了众多戏剧人物形象。几十年来，他为隆德县培养了一大批民间秦腔演员，是隆德著名的秦腔表演传承人。

2013年被认定为自治区级非物质文化遗产项目代表性传承人。

陈公东 | 曲艺·宁夏小曲

陈公东，1947年出生，宁夏银川市人。他9岁开始跟随父亲学拉胡琴、学唱地方小戏，14岁拜宁夏民间艺人杨舵为师学习宁夏小曲弹唱，17岁上台表演，吹拉弹唱样样精通，一直活跃在宁夏小曲表演舞台上。在表演的同时他还坚持创作，自编自演了宁夏小曲、方言快板剧本50余个，获各种创作和表演奖数十个。他创作的作品内容贴近生活、健康向上，语言生动活泼、通俗易懂。代表作品有《知荣辱改陋习》《赞宁夏》《三进银川》《党风廉政建设就是好》《人人讲卫生》《城市农村都在变》等。

2013年被认定为自治区级非物质文化遗产项目代表性传承人。2014年12月去世。

杨国强

传统体育、游艺与杂技·魔术《仙人摘豆》

杨国强，1939年出生，宁夏银川市人。小戏法《仙人摘豆》属于中国杂技中奇幻类节目近景魔术范畴，以手彩为主。表演时手法灵活，套路繁多，幽默风趣，技艺精湛，为个别江湖艺人的家传绝技，极少外传。他师从大祖父杨怀林，在继承前人技巧的基础上博采众长，独树一帜，充分发挥曲艺演员"说"的成分，说表并举，手法灵巧，出手稳健，形式独特，套路繁多。表演时他与观众互动，观众可以在其四周随便观看，表演场面幽默热闹。2011年1月，他正式收李国强、王狂二人为徒，使此项技艺后继有人。

2013年被认定为自治区级非物质文化遗产项目代表性传承人。

杨文玺

传统体育、游艺与杂技·回族杨氏拳

杨文玺，回族，1964年出生，宁夏吴忠市人。他5岁开始秉承家传绝学，随父辈学习杨氏拳，多年来悉心研练，掌握了杨氏拳的全部精华。整理完成了《灵州回回刀》《汤瓶七式》《杨氏教门拳》等著作，并创立了武术研究会、武术文化学校，广泛招生，将杨氏拳引入学校，免费培训学生3000多人次。2009年其徒弟在央视《武林大会》全国争霸赛上分别获金、银、铜奖。2010年，杨氏拳参加宁夏第七届少数民族传统体育运动会获得银奖。

2013年被认定为自治区级非物质文化遗产项目代表性传承人。

马军文

传统体育、游艺与杂技·回族踏脚

马军文，回族，1967年出生，宁夏固原市泾源县人。踏脚是流传于宁夏南部山区泾源县的一项强身健体、防身御敌的传统项目。香水镇园子村是踏脚的主要流传地，他从小受村里长辈影响，对踏脚这项运动十分喜爱，十几岁开始随舅父马荣堂学习踏脚，并刻苦钻研套路和技巧。他熟练掌握踏脚基本动作、套路和规则，动作刚劲有力、舒缓潇洒，极具观赏性。农闲时，他带动本村年轻人定期进行踏脚训练，并经常组织村民比赛和表演，曾多次获得国家级和自治区级踏脚比赛奖项。

2013年被认定为自治区级非物质文化遗产项目代表性传承人。

马金玉

传统体育、游艺与杂技·方棋

马金玉，回族，1955年出生，宁夏固原市泾源县人。他从小对"下方"（方棋）有浓厚的兴趣，7岁开始向村里长辈学习，多年来刻苦钻研，熟练掌握方棋游戏规则及技巧，并摸索、创新出一套"七路八"的方棋玩法，他的棋艺在当地小有名气，被称为"泾源方棋王"。1986年开始，他多次代表固原市参加宁夏少数民族传统体育运动会方棋比赛，并获得两金两银的好成绩；2002年参加固原市庆方棋比赛，获得第一名；2009年参加固原市首届智力运动会，在方棋比赛中获得第三名。

2013年被认定为自治区级非物质文化遗产项目代表性传承人。

于明付

传统体育、游艺与杂技·泾源回族"赶牛"

于明付，回族，1973年出生，宁夏固原市泾源县人。他七八岁开始上山放牛，学习大人们玩耍的"赶牛"游戏，从此执着地爱上"赶牛"这项活动。2008年开始，他对"赶牛"的历史渊源、传承脉络等进行了梳理，对游戏规则及技巧等进行系统整理和规范，并撰写了《泾源回族"赶牛"》一书。近年来，在他的带动下，村里60余名青年学习了"赶牛"技巧，并挑选了20余人成立了"赶牛"队，农闲时召集队员集中训练，定期举办比赛活动。2010年、2011年参加宁夏少数民族传统体育运动会分别获得金奖和表演二等奖。

2013年被认定为自治区级非物质文化遗产项目代表性传承人。

传统美术·剪纸

折红旭

折红旭，1952年出生，宁夏石嘴山市人。她自幼在姥姥和大姨的熏陶下热爱剪纸艺术，几十年来一直没有停下手中的剪刀。她善于创作大型作品，在传统剪纸技巧的基础上融入现代元素，将剪、刻技法巧妙结合。作品题材贴近生活，装饰性强，深受当地群众的认可和喜爱。1984年任教于石嘴山市第十小学，将剪纸艺术带入课堂，受到学生们的喜爱。2004年在石嘴山市老年大学任剪纸教师，并在石嘴山市第十、十一小学担任剪纸兴趣班教师。同时在社区、厂矿，为残疾人、妇女等免费培训授课，十几年来培训学员达4000多人次。

2013年被认定为自治区级非物质文化遗产项目代表性传承人。

赵玉梅

传统美术·剪纸

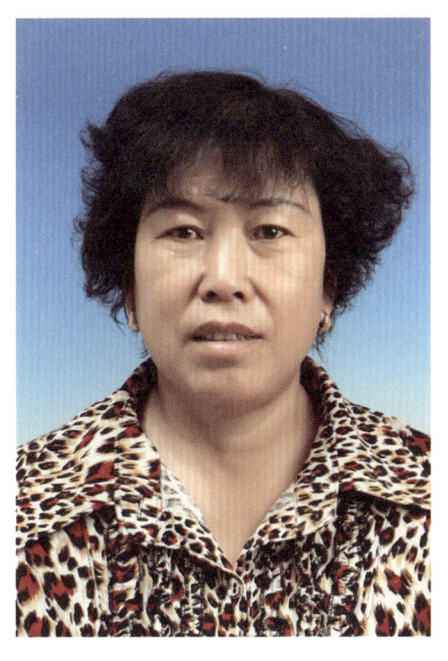

赵玉梅，1959年出生，宁夏石嘴山市平罗县人。她自幼随母亲张文英学习剪纸，十几岁就已经完全掌握了基本的剪纸技巧。她的剪纸题材、内容、艺术形式都是为适应农民和农村居住特点而产生的，具有浓厚的乡土气息和地方特色，具有形式多样、题材广泛、构图饱满、造型夸张、线条简练、色彩鲜明等艺术特点。代表作品有《老鼠嫁女》《鸽子》《西瓜丰收》《大公鸡》《田园》《养猪专业户》《宁夏红》《欢度春节》《回族婚俗》等，并多次在剪纸大赛及展览中获奖。

2013年被认定为自治区级非物质文化遗产项目代表性传承人。

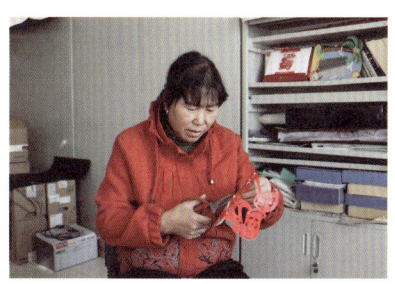

传统美术·剪纸

王宪苓

王宪苓，1966年出生，宁夏石嘴山市人。她从小受家族影响，喜爱剪纸艺术，1989年开始专门从事剪纸事业。她早期主要以剪为主，后期在技法上加以创新，将剪、刻相结合。作品古朴夸张，构图丰满，刚柔相济，富有动感。随着时代与市场需求，她大胆创新，开发出了树叶剪、布剪、多层剪纸等一系列新型剪纸装饰品。经过多年历练，剪纸艺术影响力不断扩大，在当地小有名气，很多剪纸爱好者慕名前往学艺。从2006年开始，她坚持免费带徒，徒弟马素兰、吕明洲、胡智丽、王平等都已经成为剪纸艺术的新生力量。她的代表作品有《清明上河图》《百鹤图》《金陵十二钗》等。

2013年被认定为自治区级非物质文化遗产项目代表性传承人。

传统美术·剪纸

井春霞

井春霞，回族，1966年出生，宁夏吴忠市同心县人。她从小跟随外婆和母亲学习剪纸，在传承前辈传统剪纸技艺的基础上大胆创新，将中国传统剪纸与现代美术有机地结合起来，并融合了多种文化元素，题材以反映风土人情和地方特色为主，作品构思巧妙、构图严谨，手法细腻流畅。作品获全国剪纸大赛金奖；《馨》获宁夏剪纸精品大赛一等奖。

2013年被认定为自治区级非物质文化遗产项目代表性传承人。

传统美术·剪纸

田宝林

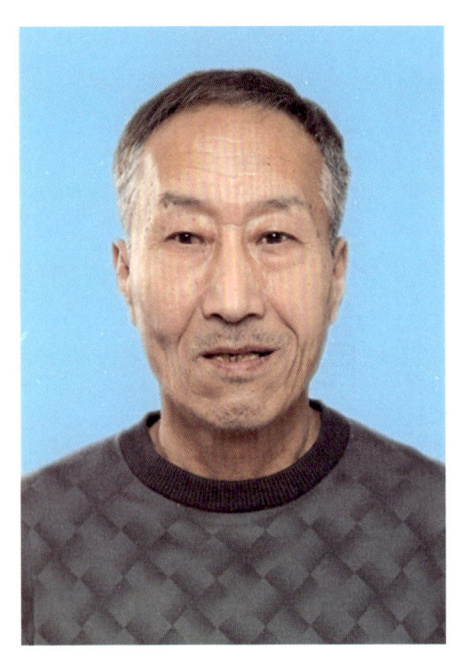

　　田宝林，1956年出生，宁夏吴忠市人。他从小跟随外婆和母亲学习剪纸，由于外婆是山西人，所以他的剪纸风格带有山西民间剪纸粗犷、简练的特点，题材大都为人物、动物、草木、花卉，其中龙、蛇、鱼、蛙纹样最多。他将山西剪纸的特征与吴忠地区的民俗特色结合起来，在剪纸技巧和风格上有所创新，创作作品有200余幅。2010年在第六届全区"群星奖"暨第四届全区群众文化专业岗位技能大赛中，他的论文《吴忠地区剪纸漫谈》荣获金奖，剪纸作品获银奖。

　　2013年被认定为自治区级非物质文化遗产项目代表性传承人。

传统美术·剪纸

陆梦蝶

陆梦蝶,1975年出生,宁夏银川市永宁县人。因受外婆和母亲的影响,她自幼喜爱剪纸。病残后,克服双手畸形、左眼失明,仍坚持剪纸艺术创作。她的剪纸技法以传统阳刻和阴刻为主,保持了千刻不落、万剪不断的重要特征,并巧妙糅合剪、贴、刻、染等技艺。内容上,除剪刻传统的吉祥图案外,还反映出了强烈的地方特色和时代发展的特征。作品淳朴庄重、简练生动。代表作《塞上江南》获第四届国际剪纸艺术展金奖;《繁华富裕》获吉林"鱼文化"剪纸大赛银奖、宁夏回族自治区庆祝建党90周年展览银奖、全国夕阳红展银奖等。

2013年被认定为自治区级非物质文化遗产项目代表性传承人。

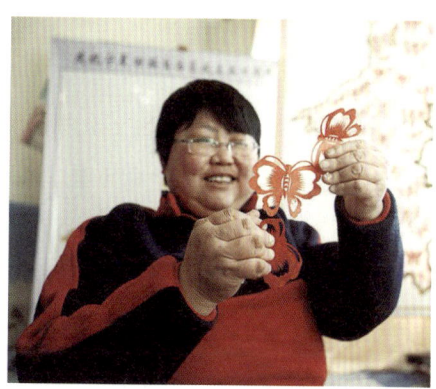

张淑芳

传统美术·剪纸

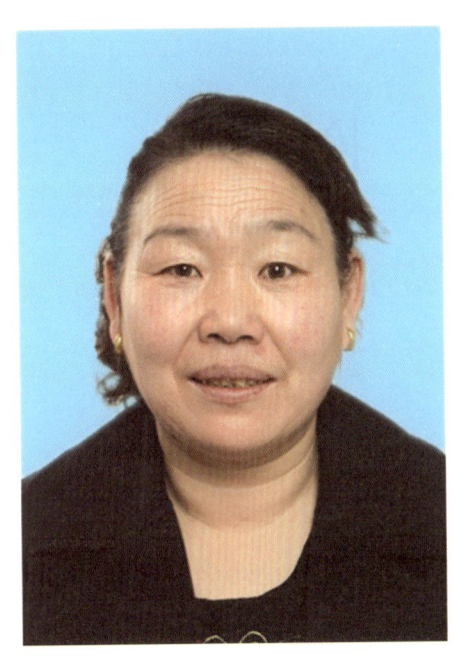

张淑芳，1962年出生，宁夏固原市西吉县人。她从小喜爱剪纸，小时候常在村里收集村里长辈们的剪纸作品与图画。通过不断学习和创作，她的剪纸技艺日趋成熟，形成了自己的风格特征。作品不仅表现人物和动物，更多反映的是身边的生活和故事，具有浓郁的乡土气息，表达了她对当地生活、民俗的直观感受。为了让更多的人了解、喜爱剪纸艺术，每逢节庆，她都会带动和组织身边喜爱剪纸艺术的妇女们，为亲戚、朋友们剪窗花，并免费给剪纸爱好者们传授剪纸技艺。代表作品有《回族赶集》《牡丹花》《马车》《海棠》等。

2013年被认定为自治区级非物质文化遗产项目代表性传承人。

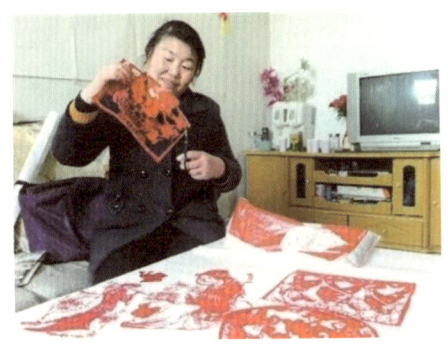

兰元宝

传统美术·剪纸

兰元宝，回族，1952年出生，宁夏固原市隆德县人。她自幼喜爱剪纸，跟随嫂子虎凤英学习剪纸，十几岁时就能随手剪出各种生动的图案。多年来，她在认真学习和继承虎凤英剪纸的基础上，形成了自己的剪纸风格，并且集剪纸、绘画、刺绣于一身，成为一名远近闻名的艺术能人。其剪纸的最大特点是以心写物，心手相应，不用画图、设计，任何事物都可以信手剪来。作品线条有力，剪痕流畅，阴阳互衬，对比强烈。近年来，她的部分剪纸作品多次被宁夏回族自治区、固原市作为馈赠礼品送往国内外，部分作品被博物馆及个人收藏，曾多次参加国内和自治区展览并获奖。

2013年被认定为自治区级非物质文化遗产项目代表性传承人。

传统美术·剪纸

王生贵

王生贵，1966年出生，宁夏固原市隆德县人。他自幼受母亲熏陶酷爱剪纸，收集剪纸图样，学习剪纸技巧，十二三岁便可以剪出各种"喜"字图样。2004年他拜隆德剪纸艺人张炜为师，潜心学习剪纸，研习构图技巧和剪刻技法。多年来通过不断实践和探求，融剪纸、中国画、版画、雕刻于一体，形成了独特的艺术风格。其作品借用写意笔法，构图简洁明快，线条流畅自然，阴阳对比鲜明。他创作了大量精美的剪纸作品，其中《孔子肖像》《八仙过海》等巨幅作品，深受剪纸爱好者和区内外艺术家的好评。

2013年被认定为自治区级非物质文化遗产项目代表性传承人。

于福琴

传统美术·剪纸

于福琴，回族，1964年出生，宁夏固原市泾源县人。她受家中长辈影响自幼喜好剪纸，多年来通过不断学习和摸索，形成了独特的剪纸风格。她擅长对民间流传的故事、传说等进行创作，作品精致细腻，人物逼真，图案层次分明，题材广泛，生活气息浓郁。作品曾多次参加剪纸展览、比赛，并获奖。

2013年被认定为自治区级非物质文化遗产项目代表性传承人。

传统美术·剪纸

张金霞

张金霞，1960年出生，宁夏固原市彭阳县人。她受母亲熏陶，从小就和剪纸结缘。她的剪纸继承了民间传统，又吸收了现代元素。作品构思精巧，造型美观，线条流畅，淳朴浑厚，清新典雅，庄重大方，具有极高的装饰性和观赏性。作品《九龙祝寿》被收入《彭阳县志》；作品《母亲水窖》获固原市"巧手绘六盘，巾帼展才艺，廉风进万家"作品大赛三等奖；作品《秋韵》获全区发改委系统书法摄影作品比赛二等奖、固原市第五次文学艺术民间文艺类优秀奖。

2013年被认定为自治区级非物质文化遗产项目代表性传承人。

于包包

传统美术·刺绣

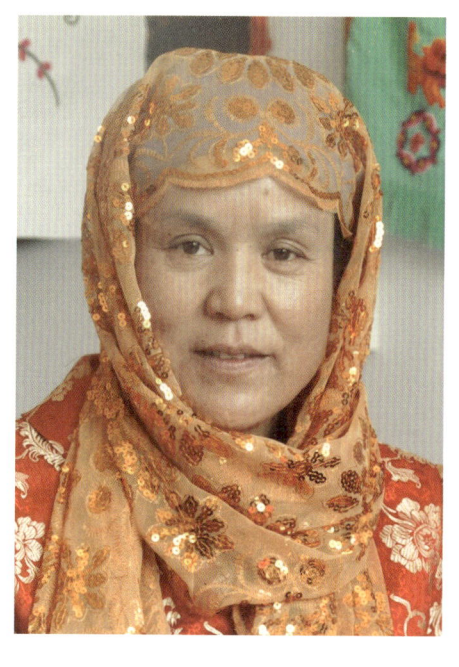

于包包,回族,1963年出生,宁夏银川市人。她11岁开始跟随祖母、嫂子学习刺绣,多年来刺绣技艺得到不断提高,已熟练掌握刺绣技巧。作品以枕套、苫被单、沙发巾、围裙、盖头等生活及婚嫁用品为主,用色大胆、浓烈。她擅长运用掇绣表现各类花卉主题,绣出的花草简练、夸张、饱满,立体感强,整体图案自然逼真,颜色明朗艳丽,针法粗犷豪放,带有强烈的乡土气息和生活风韵。多年来,她先后为周边村民制作千余件刺绣作品,并将刺绣技艺免费传授给20多个徒弟。代表作品有《双喜图》《牡丹图》《荷花图》《玫瑰园》《牡丹争艳》《荣华富贵》等。

2013年被认定为自治区级非物质文化遗产项目代表性传承人。

李凤琴

传统美术·刺绣

李凤琴，1967年出生，宁夏银川市人。她自幼跟随母亲学习刺绣，完全继承了传统刺绣的细密绣法，同时又大胆创新，形成了自己的刺绣风格。她的刺绣作品针法走向错综复杂，内容题材广泛。花草色彩鲜艳，层次分明；人物表情丰富，栩栩如生；动物活泼可爱，贴近自然。近年来，她充分发挥自身的刺绣特长，创作了许多具有地方特色的刺绣旅游艺术品，同时组织开办了多期民间刺绣免费培训班，为当地妇女、残疾人等开辟了一条再就业之路。

2013年被认定为自治区级非物质文化遗产项目代表性传承人。

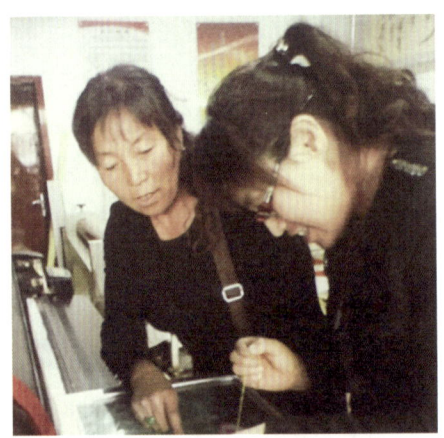

赵秀霞

传统美术·刺绣

赵秀霞，1962年出生，宁夏吴忠市同心县人。10岁开始她跟随母亲学习刺绣技艺，经过40多年的研习创作，如今刺绣技艺娴熟，绣品工艺日臻完美。她最擅长挑绣，工艺技法讲求巧、利、妙、灵，绣出的作品栩栩如生、鲜活灵动，极具动感和立体感。先后创作出刺绣作品千余幅，代表作品有《饮中八仙》《西施浣纱》《昭君出塞》《贵妃醉酒》《貂蝉拜月》等。曾赴沙特、南非、阿联酋等国家进行文化交流，作品在香港、澳门、青海、海南等地展出、参赛，并多次获奖。

2013年被认定为自治区级非物质文化遗产项目代表性传承人。

传统美术·刺绣

卢惠琴

卢惠琴，1968年出生，宁夏中卫市海原县人。她从小跟随母亲学习刺绣技艺，多年来热爱刺绣艺术，刻苦钻研，刺绣技巧日趋成熟。她的刺绣技艺独特，正反针法不一致，但刺绣作品活灵活现，乱中有序，擅长绣制双面屏台，作品有较高的艺术性和实用性。她创办了海原县万绣庄刺绣剪纸合作社，将所掌握的刺绣技艺无偿地传授给刺绣爱好者，在传承和保护刺绣这项技艺的同时，也为当地群众带来一定的经济收入。

2013年被认定为自治区级非物质文化遗产项目代表性传承人。

刘成香

传统美术·刺绣

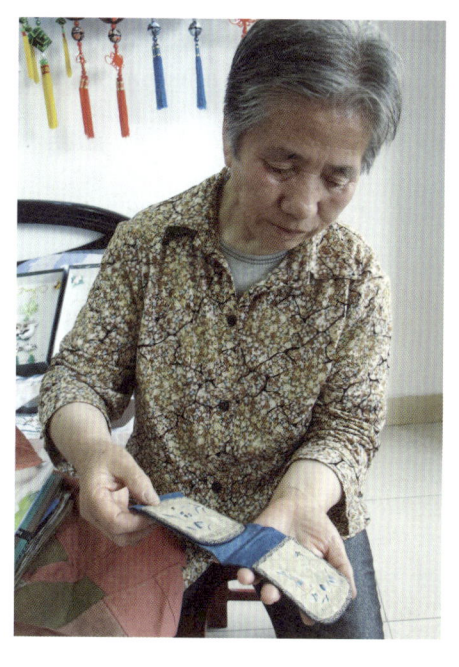

刘成香，1944年出生，宁夏固原市人。她从小跟随外祖母闫雷氏、母亲闫玉珍学习刺绣和绣制香包技艺。多年来不断摸索，在传统绣制技法及款式上进行了新的突破，作品多以硬质香包为主，图案大都取材于身边事物，造型小巧玲珑、立体逼真，针法细腻多变，绣线粗细考究，颜色搭配自然。近年来，她尝试将各类小巧的香包拼成图案裱装镶框，使其成为了独特的室内装饰品，深受群众喜爱。代表作品有香包组图《和平》《金蛙戏莲》《老鼠吃葡萄》，独体香包《十二生肖》《佛手》《五毒》等。

2013年被认定为自治区级非物质文化遗产项目代表性传承人。

传统美术·刺绣 卜喜兰

卜喜兰，1950年出生，宁夏固原市隆德县人。在祖母和母亲的熏陶下，她从12岁开始学习刺绣和剪纸，一开始给自己做鞋样，后来帮助亲戚、邻居绣制鞋帮、枕顶和嫁妆。多年来，她坚持研习刺绣技艺，逐渐掌握了民间刺绣的各种针法，能够将古法平绣、参针绣、倒针绣、十字绣、结点绣、单线与复线勒边绣等多种手法集于一幅作品之中，色彩搭配和谐统一，既有强烈的民间特色，又有高雅、清逸的艺术风格。她的作品厚重、丰满，富有明暗和立体效果，代表作品有《国色天香图》《锦鸡朝阳》《梅、兰、竹、菊》《龙凤朝阳》等。

2013年被认定为自治区级非物质文化遗产项目代表性传承人。

喜梅

任振斌 传统美术·六盘山木版年画

宁夏第三批自治区级非物质文化遗产项目代表性传承人名录

任振斌，1972年出生，宁夏银川市人。他出生于木版年画世家，任家制作的木版年画水印套色，形式多样，构图饱满，线条简练，色彩鲜明，具有浓厚的乡土气息和地方特色。受家族影响，他自幼喜爱绘画，十几岁开始跟随哥哥任有钱学习制作木版年画，逐渐掌握了印制年画的起稿、雕版、套版、兑色、印刷、晕染、装裱等全套工艺。20世纪90年代以后，他开始系统整理收集六盘山木版年画资料，发掘和丰富六盘山木版年画的题材和内容，创作出一批具有地域特色、时代精神的年画作品。2006年他开始在镇北堡西部影视城展示、销售木版年画。目前有任晓辉、何淑霞等5名徒弟跟随他学习六盘山木版年画雕版、印刷等技艺。

2013年被认定为自治区级非物质文化遗产项目代表性传承人。

吕具生

传统美术·民间绘画

吕具生，1962年出生，宁夏固原市隆德县人。他的母亲为民间绘画、刺绣、剪纸艺人，自幼受到母亲的熏陶，四五岁时他就开始画画。20世纪80年代后拜靳守恭为师，专门学习绘画。后又得到叶作均、梁永贵、吕全德等多位老师的指导，同时大量吸收隆德民间绘画的技巧，画技有了极大提高。他作品的题材大多来自生活，同时还创作了大量的民间传说、典故、唐诗宋词等题材的作品。2007年作品入选文化部主办的第三届中国农民画大展；2008年作品获首届宁夏农民文化艺术节三等奖。

2013年被认定为自治区级非物质文化遗产项目代表性传承人。

马志强

传统技艺·二毛皮制作技艺

马志强，回族，1981年出生，宁夏吴忠市青铜峡人。二毛皮制作技艺家族第五代传承人。他自幼跟随父亲制作二毛皮，1998前往浙江学习皮毛鞣制、染色工艺，1999返回家乡继续随父辈学习、生产二毛皮，并创建宁夏雄鹰皮草有限公司。经过十几年的不懈努力，年加工生产二毛皮30万张，内销浙江、江苏、上海、青岛等地，外销德国、英国、西班牙、挪威等欧洲国家和地区，成为目前宁夏最大的加工、生产、销售滩羊二毛裘皮系列产品的基地。

2013年被认定为自治区级非物质文化遗产项目代表性传承人。

周永红

传统技艺·二毛皮制作技艺

周永红，1962年出生，宁夏吴忠市盐池县人。她自幼承担家庭重担，经人介绍拜二毛皮制作艺人为师，熟练掌握了二毛皮制作工艺流程及相关技艺。在不断努力和亲友的帮助下，她先后在盐池县开办了滩羊裘皮皮毛店、二毛皮加工厂，后注册为二毛皮制作公司，已有200余人先后在她的工厂里学习二毛皮制作技艺。她在二毛皮传统鞣制成本色的基础上，研发出漂白染色的新工艺，代表产品有二毛裘皮大衣、二毛皮坎肩、二毛皮皮包等。

2013年被认定为自治区级非物质文化遗产项目代表性传承人。

朱小平
传统技艺·六盘山抟土瓦塑

朱小平，1970年出生，宁夏固原市人。5岁起他跟着父辈们学习瓦塑、彩塑和绘画，15岁开始为神庙塑像。这期间他结识了许多民间瓦塑老艺人，并向他们虚心讨教、学习。1996年，他先后到银川、兰州、西安等地学习城市建筑雕塑，将民间瓦塑工艺和现代工艺完美结合，从事抟土瓦塑工艺品的开发、生产和销售。由他创作的《羊把式》《黄土窑史话》《六盘农家》抟土系列作品等屡次在区内外展出，引起了社会各界的广泛关注，并获得国家级、自治区级奖项。

2013年被认定为自治区级非物质文化遗产项目代表性传承人。

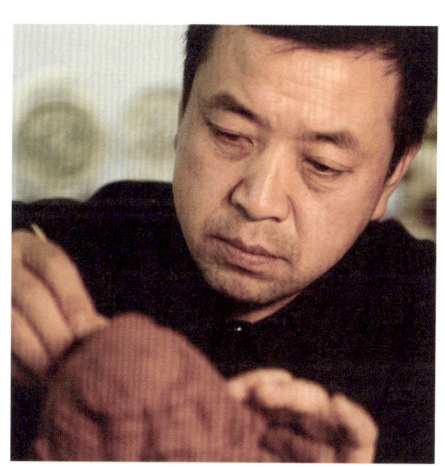

传统医药·传统制剂

马颂华

马颂华，回族，1948年出生，宁夏吴忠市人。济慈堂创建于清嘉庆初年，至今已有200多年历史，历经八代传人的不懈努力，逐步发展壮大，他为济慈堂第八代传承人。他自幼热爱民族医药学，亲历父亲在救治疾病时的良好效果，时常协助进行中草药采集、炮制工作，熟练掌握了丸、散、膏、丹制作工艺与技术。他20世纪70年代开始从医，在继承整理家族医药理论的基础上，擅长运用中医整体观念认识病症，因人、因时、因地用药，诊病用药不但考虑患者个体病症，且顾及食饮、劳逸、天时、节令、气候、家庭、社会等因素。

2013年被认定为自治区级非物质文化遗产项目代表性传承人。

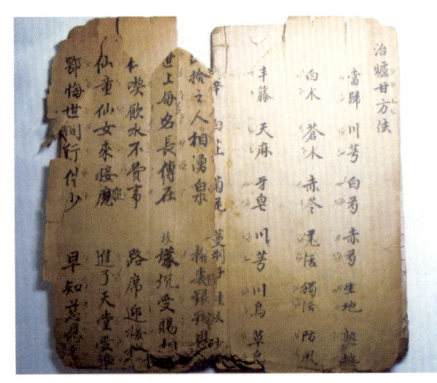

张国勤

民俗·高台马社火

张国勤,1955年出生,宁夏固原市隆德县人。他自幼参加高台马社火人物角色表演,同时经过父亲张文德,叔叔张文明、张文贵的亲自传教,逐渐掌握了传统高台马社火造型制作及装饰技艺。同时不断向周边地区高台马社火老艺人请教,学习历史剧服装、道具、配饰制作技艺和各种高台马社火造型制作技术。多年来,他为本县及周边市县设计制作高台社火百余辆,使这一传统民间文化艺术得到了很大的发展和广泛的传播,被当地人公认为高台马社火制作能手。

2013年被认定为自治区级非物质文化遗产项目代表性传承人。

宁夏第四批自治区级非物质文化遗产项目代表性传承人名录

高尚忠

民间文学·平罗民间故事

高尚忠，1964年出生，宁夏石嘴山市人。他与平罗县有名的民间故事说家子孙守林同村，经常听孙守林老人讲述当地民间故事传说。他自1983年开始学习搜集整理孙守林等几位民间艺人讲述的民间故事，并将这些故事发表在《民间文学》《通俗文艺家》《共产党人》等刊物，之后参与编辑了《平罗民间故事》《平罗歌谣》《平罗谚语》丛书，为《石嘴山民间故事》《石嘴山歌谣》《中国民间故事集成·宁夏卷》提供搜集整理民间文学作品近百篇。他搜集整理和讲述的民间故事具有鲜明的地域特征和浓厚的乡土气息，思想积极，语言丰富，鲜活生动，具有较强的可读性和口头传承性。

2017年被认定为自治区级非物质文化遗产项目代表性传承人。

于清海

民间文学·泾源回族民间故事

于清海，回族，1970年出生，宁夏固原市泾源县人。他自幼喜爱民间故事，先后在当地马达吾、马福生、拜香花等20多位老人处采集民间故事。他搜集整理并掌握泾源回族民间故事100篇，可熟练讲述60余篇。1984年参与全国民间故事集成搜集工作；2001年参加编辑整理《泾源十大神话传说》；2008年参与整理《六盘山民间故事·泾源卷》，组织编写《泾源非遗丛书·泾源民间故事精选》，出版小说集《小城无故事》等。多年来，他坚持在各种场合进行民间故事讲述，并能将部分故事改编为评书进行表演。他先后为泾源县三所学校近600名学生讲述民间故事。徒弟有于海云、于长海、于雁北等20余人。

2017年被认定为自治区级非物质文化遗产项目代表性传承人。

李海军

传统音乐·回族山花儿

李海军，回族，1978年出生，宁夏中卫市海原县人。他自幼被花儿优美的唱词和动听的曲调吸引，先后跟随马生林、马汉东学唱花儿，熟练掌握了花儿的唱腔特点。由于他爱好花儿，勤于钻研，近年来结合当地生产生活和民风民俗创作了许多花儿歌词，自编自唱，并且把掌握和创作的花儿传授给海原县回中的学生们，几年来教授学生1500人次。2001年在海原花儿大赛中获金奖；2003年在青海西宁花儿大赛中获银奖；2004在甘肃临夏花儿大赛中获银奖；2009年在第七届西部民歌（花儿）歌会中获银奖。

2017年被认定为自治区级非物质文化遗产项目代表性传承人。

禹明江

传统音乐·回族山花儿

禹明江，回族，1952年出生，宁夏固原市泾源县人。他从小跟随村里老辈们学唱花儿，能够掌握泾源地区流传的花儿唱法和曲调，同时对泾源传唱的花儿进行了搜集整理，已经熟练掌握花儿40余首。2006年他开始为亲戚朋友教授花儿演唱技巧，多次在村里举办花儿培训班。2009年获"花儿漫六盘"泾源县第二届花儿歌手大赛银奖；2016年获泾源县第五届花儿歌手大赛金奖。代表作品有《上去高山望平川》《小郎害病》《赶麦场》《山里的野鸡娃红冠子》等。

2017年被认定为自治区级非物质文化遗产项目代表性传承人。

苏正合

传统音乐·回族山花儿

苏正合，回族，1947年出生，宁夏固原市隆德县人。他幼时村上很多人都是唱花儿的好手，流传的歌曲很多，受此影响，加之他天生一副好嗓子，一有机会就跟着郭生金、马凤祺等学唱花儿。他演唱的花儿继承了六盘山花儿悠扬、缠绵的曲调，多以高音见长，题材多为反映心中痛苦和苦闷的情歌，效果低沉、伤感。经过多年积累，他记录了大量流传在隆德地区的花儿曲目，为六盘山地区民歌研究保留了珍贵的历史资料。代表作品有《杨木树上窝老哇》《血手推门林照德》《抓兵》《十七八的女孩儿》《山前梅鹿引山狼》等。

2017年被认定为自治区级非物质文化遗产项目代表性传承人。

传统舞蹈·舞狮

魏学祥

魏学祥，1964年出生，宁夏吴忠市人。魏家车门舞狮自清朝末年传承至今已六代，最大的特点是在舞狮的过程中将武术（如软拳）、器械（刀、棍等）穿插其中，气势威武，氛围浓烈。他作为魏家车门舞狮第五代传承人，从六七岁起就随同家中长辈习武练拳，经过多年的历练已经完全掌握了魏家车门舞狮套路及武术、器械的全部要领，并能够运用自如，尤其擅长五尺棍、大刀、单刀等。近年来，随着第四代传承人年龄增长，他成为魏家车门舞狮的中坚力量，经常在各种节庆、文艺演出等场合带领舞狮班表演，并将技艺传授给徒弟魏磊、魏瑞。

2017年被认定为自治区级非物质文化遗产项目代表性传承人。

刘加祥 传统舞蹈·黄羊钱鞭

刘加祥，1959年出生，宁夏中卫市中宁县人。黄羊钱鞭第四代传承人。他师从叔父刘明（第三代传承人），完全掌握了黄羊钱鞭的动作套路。2002年他接替刘明担任黄羊村黄羊钱鞭队教练及领队，并在原有套路基础上不断创新、改进，让钱鞭更具观赏性。2005年参与创作《金鞭飞舞》，他被中宁县政府授予优秀演员奖；2013年参加中宁县社火鼓乐大赛，获个人优秀奖；2014年组织带领18名钱鞭队员参加中宁县宣传十八大精神演出，获得领导及观众的高度评价。

2017年被认定为自治区级非物质文化遗产项目代表性传承人。

魏善义

传统戏剧·皮影

魏善义，1943年出生，宁夏中卫市海原县人。他的叔父、兄长都是海原皮影表演艺人，在他们的指导下，他八九岁就能表演一些简单的皮影戏，十四五岁已是方圆百十里闻名的皮影戏能人。无论是心中所想，还是眼中所见之物，都能在他的皮影戏作品中体现出来。他表演的皮影作品欢快健康，诙谐幽默，自然朴实。多年来他为乡邻们义务演出皮影戏上万场，深受当地群众的喜爱。代表作品有《三国演义》《西游记》《火焰驹》《铡美案》《杨家将》《岳飞传》等。

2017年被认定为自治区级非物质文化遗产项目代表性传承人。

杨汝清

曲艺·石嘴山宣卷

杨汝清，1942年出生，宁夏石嘴山市平罗县人。他自幼有较好的音乐天赋，青年时期常与父母去听周明光、李生林居士宣宝卷。20世纪80年代正式拜李生林居士为师，学习宣卷。他会宣唱五种卷本，熟悉的曲调有13种，如"雁落沙滩（哭五更）""数花""莲花落"等。他的道白乡土味十足，腔调介于似韵似宣之间。特别是他宣唱的"孔雀赋"曲牌，仍保留着唐代音乐的遗风，憨厚流畅，悠扬动听。他留存有《手巾宝卷》（上、下册）、《香山宝卷》等，现正在回忆记录《白蛇宝卷》。

2017年被认定为自治区级非物质文化遗产项目代表性传承人。

牛银侠

传统体育、游艺与杂技·南营武术

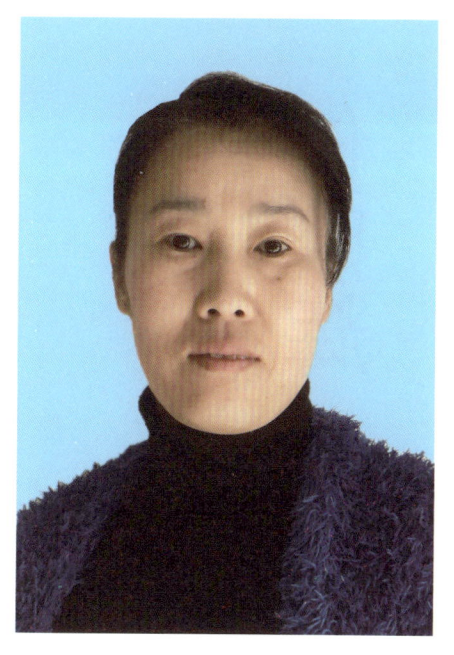

牛银侠，1970年出生，宁夏吴忠市青铜峡人。南营武术第三代传承人。她6岁随父亲牛成安学习杂技、武术。8岁时边读小学边随父亲四处打场子（空地上卖艺）卖艺表演。1982年至1988年随父亲和银川老艺人马振武先生在陕、甘、宁、蒙等地表演。多年的表演实践经验练就了她一身扎实的武术功底和良好的杂技表演技巧，并且完全继承了父辈传下来的南营武术精华。2010年她在青铜峡市开办了南营武术培训班，传承发扬南营武术。2012年带领学员参加全区青少年武术锦标赛，荣获五项大奖，她获得了宁夏回族自治区青少年武术锦标赛优秀教练称号。

2017年被认定为自治区级非物质文化遗产项目代表性传承人。

任晓辉 传统美术·六盘山木版年画

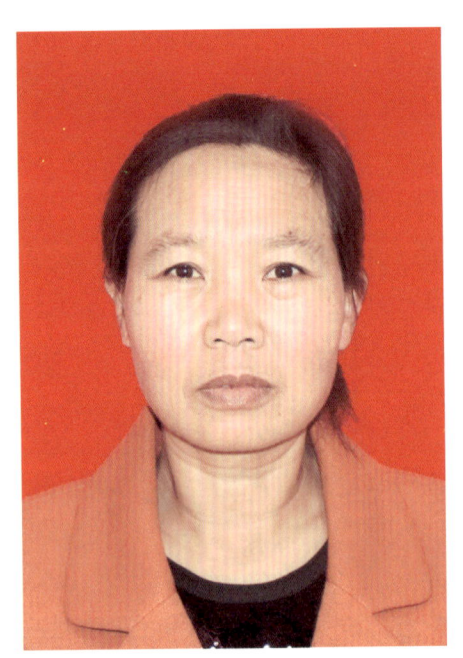

任晓辉，1968年出生，宁夏银川市人。她的祖太爷自清朝同治年间开始印制销售木版年画，传至她已是第四代。她自幼喜爱绘画，中学时开始跟哥哥任有钱学习制作木版年画，逐渐掌握了雕刻、套版、兑色、印刷等工艺，尤其擅长刻版。2010年开始专业从事木版年画印版的雕刻工作，并开始系统整理收集六盘山木版年画资料，发掘丰富六盘山木版年画的题材和内容，创作出了一批具有地域特色、时代精神的年画作品。至今已雕刻年画木版400多件套，参与雕刻、印制的大量木版年画作品在银川文化馆和宁夏博物馆举办专题展览，获得领导和观众的一致好评。代表作品有《文星照斗》《风调雨顺》《幸福娃娃》《少年英雄》等。

2017年被认定为自治区级非物质文化遗产项目代表性传承人。

传统美术·剪纸

张云仙

张云仙，1964年出生，宁夏银川市人。她年幼时跟随母亲习得剪纸技艺。其剪纸作品构图简练概括、饱满均衡，能够表现出回转流动的生命力量，富有深厚的传统文化内涵，擅长剪各类动物、花卉和人物，特别是她创作的人物剪纸还常常带有故事情节，观赏性极强。2001年开始至今先后在银川二中、银川景博中学、北塔中学开设剪纸课，十几年来已经有一万多名学生跟随她学习了剪纸艺术。先后编写出版了《银川二中校本课程·剪纸教材》《剪纸应用教程》《张云仙剪纸》《剪纸》等著作。2016举办了"银川市塞上风物系列非遗展示·张云仙剪纸展"。

2017年被认定为自治区级非物质文化遗产项目代表性传承人。

李夏音

传统美术·刺绣

李夏音，1976出生，宁夏吴忠市人。她自幼受家族影响，十几岁就能独自绣制荷包、枕顶、鞋垫等，先后师从民间工艺美术大师安春霞、苏州刺绣大师姚建萍。她精通掇绣、平绣、乱针绣、盘绣、锁绣、挑花等传统刺绣技法，并在此基础上独创了套色三针绣、纳绣两种刺绣技法。作品题材广泛，构图稚拙古朴，针法精巧细腻，用色丰富而不缭乱、艳丽而不俗套，具有鲜明的地域特色和文化内涵。她先后在宁夏及周边举办各类刺绣学习班500多场次，为2000多名城乡妇女传授刺绣技艺，培养了一大批刺绣能手。代表作品有《荷韵》等。

2017年被认定为自治区级非物质文化遗产项目代表性传承人。

赵秀兰

传统美术·刺绣

赵秀兰，1969年出生，宁夏吴忠市红寺堡区人。她从小受外婆和母亲的熏陶，9岁开始跟母亲学习刺绣，并很快掌握了一些家传的刺绣针法，随后开始自己设计花草、动物和人物图案，被村里人称为"绣花巧手"。她的作品构图新颖、色彩绚丽、寓意丰富，同时将传统针法和现代针法相融合，人物作品活灵活现、出神入化，体现出精、细、雅、洁的独特风格。她从2013年至今培训当地下岗职工、残疾妇女等2800多人次，培训在校师生200多人次。代表作品有《八仙过海》《五福图》《苗族少女》《红楼梦——金陵十二钗》《沙湖骆驼》《放牛娃》《回族姑娘》等。

2017年被认定为自治区级非物质文化遗产项目代表性传承人。

田 坤 | 传统美术·民间绘画

田坤，回族，1970年出生，宁夏吴忠市同心县人。她从小受外婆、母亲炕围画和台画的影响，热爱民间绘画。她的民间绘画继承了几代人的技巧与风格，融入了现代元素，特别是以当地风土人情、生产生活情景等创作的一系列农民画，深受广大群众喜爱。1999年作品《尕妹的心愿》获宁夏群众文化技能大赛银奖；2010年作品《吹口弦》获全国农民画一等奖；2012年作品《开生脸》获全国农民画优秀奖；2013年作品《回娘家》获全国群星璀璨群众美术书法优秀奖；2014年作品《枸杞红了》获中国农民画及剪纸艺术大赛铜奖，作品《哇呜声声》获"青山绿水中国梦"优秀奖。

2017年被认定为自治区级非物质文化遗产项目代表性传承人。

传统美术·砖雕

田义仁

田义仁，回族，1945年出生，宁夏中卫市海原县人。海原砖雕主要以田义仁家族为代表，他自幼跟随父辈们学习砖雕手艺，一直靠它养家糊口。他的砖雕作品以山川草木、飞云流水、花卉禽鸟、博古珍玩为主要题材，同时用云纹、字环等传统装饰图案相配运用，构图古朴，雕工扎实，细腻传神。多年来，由他设计、雕刻、创作的砖雕作品遍布宁夏西海固地区。如今，他不仅将砖雕技艺传给了儿子、孙子，还组织带领50人的砖雕队，在当地开展砖雕技艺的传播，深受当地群众喜爱和信赖。

2017年被认定为自治区级非物质文化遗产项目代表性传承人。

传统美术·王氏泥塑

王永红

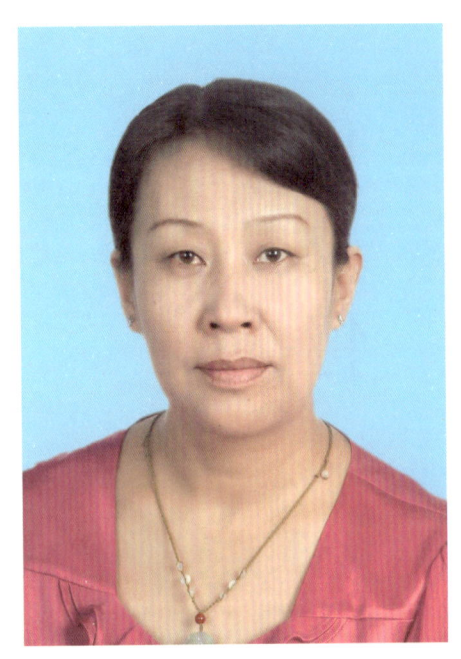

王永红，1968年出生，宁夏银川市贺兰县人。大学毕业后她师从叔父学习民间泥塑，多年来潜心传统泥塑研究，大胆创新，形成了特色鲜明的个人艺术风格，得到社会各界的认同。王氏泥人作品以现实生活为题材，人物形象生动，形态各异，风格古拙，大粗大美，具有浓厚的生活气息。2006年至今她以"一个村子的故事"为主题共创作了600多件泥塑作品，反映20世纪六七十年代农村的民风民俗，以及儿时的农村生活场景。代表作品有《一个村子的故事》《高粱地》《赶集》《开脸》《痛快》等。

2017年被认定为自治区级非物质文化遗产项目代表性传承人。

传统美术·泥塑

侯思荣

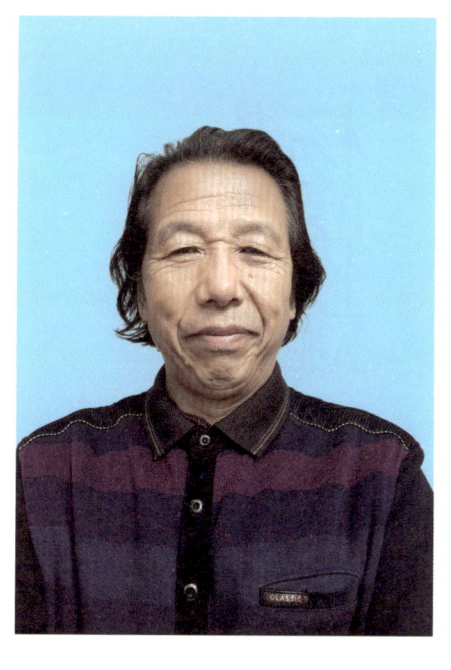

侯思荣，1956年出生，宁夏中卫市人。他自幼受父亲影响，热爱绘画艺术，1979年拜著名画家刘万里先生为师学习素描和国画；1982年拜王维贤、王在田等为老师，在中卫高庙学习古建筑彩画艺术；1984年拜辛锡林为师学习泥塑技艺，并随师父在高庙大雄宝殿内塑像。他的泥塑构思新颖，千姿百态，形神兼备，人物衣饰清晰流畅，面部表情威仪脱俗。30多年来，他为西北地区50多座著名佛寺道观塑像5000多尊，代表作品有中卫高庙五百罗汉塑像，同心县莲花山三大如来塑像，中宁县菩萨寺小罗汉堂塑像，中宁县圆明寺五方佛、东方三圣塑像等，培养了何举珠、沈发辉、宣正武、钱磊等12名徒弟。

2017年被认定为自治区级非物质文化遗产项目代表性传承人。

杨贤雄

传统美术·杨氏家族泥塑

　　杨贤雄，1975年出生，宁夏固原市隆德县人。1992年高中毕业后跟随祖父杨栖鹤、叔父杨佳年学习杨氏家族彩塑，同时注重家族彩塑的理论研究，对家族秘传的史料作了系统的归纳和研究。在完全继承家族彩塑技艺的基础上，他着重钻研彩塑的塑造、敷彩、贴金、开描等环节技巧。2000年以后，他创作了大量具有杨氏家族彩塑特征、艺术内涵丰富的作品，题材包括民俗故事、历史故事、神话故事、宗教人物等，形式多样，造型夸张，形神兼备，色彩艳丽，被多家博物馆、美术学院、国际国内友人等收藏。

　　2017年被认定为自治区级非物质文化遗产项目代表性传承人。

陈进德

传统美术·古建筑彩绘技艺

陈进德，1960年出生，宁夏中卫市人。他高中毕业后就开始从事油漆绘画工作。1983年应召参加中卫高庙保安寺彩画修缮工作，并拜当地知名画匠王在田为师学习绘画(彩绘)，掌握了古建彩绘工艺程序。经过多年的实践，他摸索出了一套具有独特风格的彩绘模式：建筑外观以旋子如意彩画形式配彩，走廊采用苏式混彩布局，门扇格子以五彩沥粉配有画面，突出表现人物清高、山水大雅、花鸟活泼。近30年来，带徒20余人，周边省、市的名胜古迹都有他们的古建彩绘作品，如中卫高庙、同心莲花山道观、中宁大佛寺、牛首山寺院、兰州卧龙寺、包头大中寺等。2013年出版了《雕梁画栋绘丹青——陈进德与古建彩绘》一书。

2017年被认定为自治区级非物质文化遗产项目代表性传承人。

传统美术·赵氏木板雕花

赵 荣

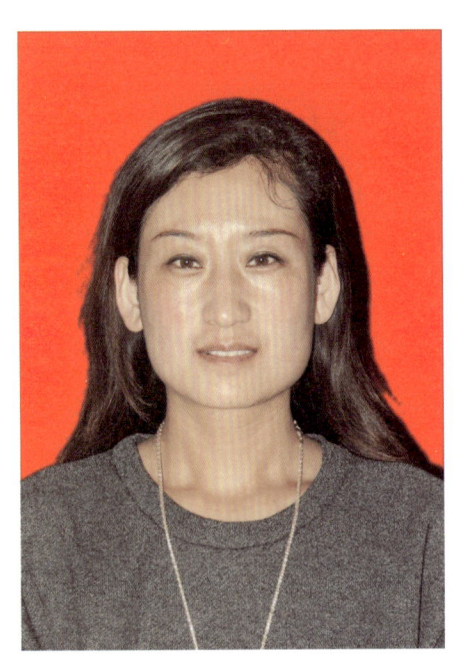

赵荣，1983年出生，宁夏固原市人。她自幼跟随父辈们学习绘画、雕刻技艺，初中毕业后专门跟随爷爷赵宏发学习赵氏木板雕花技艺。经多年潜心学习，她完全继承了赵氏家族雕花技艺精华，并吸收各家之长，形成了个性鲜明且具有地方特色的木板雕花风格。作品构图严谨，雕工精湛，形象生动，古朴多姿，包括庙宇雕刻、牌匾雕刻、棺木雕刻、家具雕刻等，具有很强的观赏性及实用性。十几年来她创作完成了上千件雕刻作品，得到了当地群众的认可和好评。

2017年被认定为自治区级非物质文化遗产项目代表性传承人。

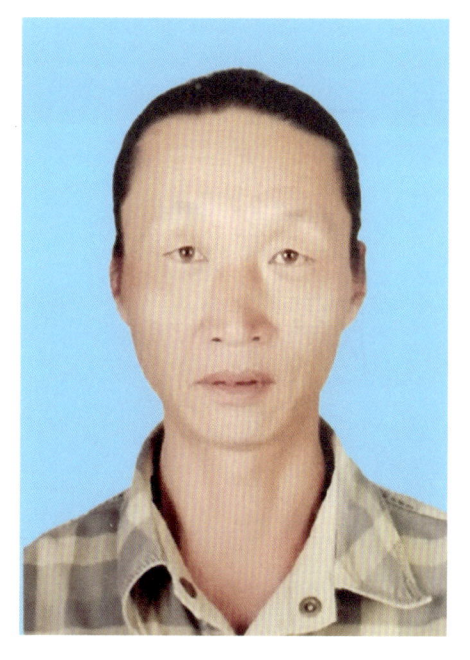

张向东 传统技艺·贺兰砚制作技艺

张向东，1968年出生，宁夏银川市人。中国工艺美术大师，宁夏一级工艺美术大师。1994年师从歙砚雕刻大师方建成学习砚台雕刻创作，承袭徽派砚台手工雕刻技法。2002年回到宁夏开始贺兰砚雕刻创作。他通过对贺兰石性质结构的细细品味，融合中国传统文化加以构造，施之以独到和精细的手工技法，作品依石而为，别具匠心，清雅厚重，率性自然。作品《山居》被中国国家博物馆永久收藏；《山居》《平湖秋月》《金陵十二钗》荣获第一届宁夏工艺美术大师作品选一等奖；《山水砚》荣获第三届中原艺术博览会金奖。

2017年被认定为自治区级非物质文化遗产项目代表性传承人。

石燚

传统技艺·贺兰砚制作技艺

石燚，1968年出生，宁夏银川市人。中国工艺美术大师，宁夏一级工艺美术大师。1988年师从贺兰砚雕刻艺术家闫家砚第三代传人闫子洋老师，刻苦认真学习传统制砚方法。经过多年的积累，形成了自己的艺术风格，作品师古而不拘古，继承传统又突破传统，刀法遒劲、深透、镂、点、线、面完美结合，尤其擅长巧色雕刻，提出"舍彩、去糙、存精、取意"的雕刻理念，作品妙境幽深、韵秀古朴。2008年创办了石燚工作室，教授徒弟20余人，组织徒弟研讨雕刻技艺。他积极参加省内外行业评比活动，在活动中多次获得大奖，为行业赢得了荣誉。代表作品有《九羊启泰凤归图》《龙凤呈祥》《塞上江南》《爱莲说砚》《远古》等。

2017年被认定为自治区级非物质文化遗产项目代表性传承人。

郝延强

传统技艺·贺兰砚制作技艺

郝延强，1973年出生，陕西省清涧县人。中国工美行业艺术大师，宁夏工艺美术大师。他自幼跟随祖父贺增银、叔父贺占元研习石雕、砚雕技艺，是"清涧石雕世家"第四代传承人。1995年师从刘阿宝雕刻贺兰石砚，2014年拜砚坛泰斗黎铿为师。1999年创建郝氏砚阁，2007年创建塞上雕刻工作室，2014年工作室被授予"银川市级贺兰砚制作技艺传承保护基地"。2010年与宁夏职业技术学院合作，开创了学校拓展教育实践、企业补充人才、学生创业创收的"三赢"工学模式。2015年成立郝氏雕刻有限公司，2017年被命名为"宁夏贺兰砚制作技艺保护传承基地"。2018年"郝氏牌"贺兰石砚被中国文房四宝协会授予"国之宝·中国十大名砚"称号。

2017年被认定为自治区级非物质文化遗产项目代表性传承人。

唐 震

传统技艺·羊羔酒酿造技艺

唐震，1976年出生，宁夏银川市灵武人。他1999年开始跟父亲唐世俊学习羊羔酒酿制技艺，经过父亲口传心授及自身多年实践，现已完全掌握羊羔酒酿造技艺。近年来唐世俊日益年迈，而羊羔酒酿制过程所需劳动力繁重、工作精细，现在酿酒工作基本由他担任。在酿制过程中，他积极地让儿子唐晓宇及徒弟们也参与进来，手把手地示范，逐步培养后续接班人。与此同时，2005年筹建了灵武市大唐食品研究所。2015年创建了宁夏灵州唐氏羊羔酒文化传承展示馆，为羊羔酒研究、保护、宣传作出了积极贡献。

2017年被认定为自治区级非物质文化遗产项目代表性传承人。

张璟

传统技艺·麻编

张璟，1967年出生，宁夏银川市人。宁夏一级工艺美术大师。她19岁开始学习麻编，经过勤学苦练，敏于思考，熟练掌握了麻编技艺，并形成鲜明的艺术风格。她的作品传承了中国古老的打结、缠扣、盘绕、缝制、钩挑等编织技法，表现宁夏优秀地域文化等主题，记录当地民俗文化、社会变迁，用麻所特有的肌理要素，营造出强烈的视觉冲击力。代表作品有《孔子》《回娘家》《纳鞋底》等。作品先后获宁夏第一、二、三届群众文化岗位技能大赛金奖，第九届中国工艺美术博览会铜奖，2016年中国（昆明）官渡第六届全国非遗联展麻编类金奖。作品被多家美术馆及收藏机构收藏。她先后在吴忠市第十一小学、月牙湖乡等培训2200多人次，带徒30多人。

2017年被认定为自治区级非物质文化遗产项目代表性传承人。

王国祥 传统技艺·花灯扎制技艺

王国祥，1943年出生，宁夏吴忠市人。他15岁开始随外祖父学习扎制花灯。他扎制的花灯往往与传统书画结合，造型独特典雅，寓意丰富，做工精细。在继承传统的基础上，经过多年的摸索和实践，用铁丝、钢丝等代替传统竹子制作龙骨架，改良后的花灯更加结实耐用。多年来他培养出花灯制作人员百余名，花灯扎制手艺不仅得到当地群众的喜爱，更得到了固原、甘肃等地群众的认可。代表作品有《六盘山灯》《寿星灯》《跑马灯》《宝莲灯》《宝塔灯》《二龙戏珠灯》《宫灯》等。

2017年被认定为自治区级非物质文化遗产项目代表性传承人。

于振玲

传统技艺·中宁蒿籽面制作技艺

于振玲，1968年出生，宁夏中卫市中宁县人。他的外祖母和妈妈都是厨艺好手，制作面食的手艺代代相传，从小她便跟随妈妈学做蒿籽面。她做的蒿籽面从和面、擀面、切面、炒臊子到沏汤等程序精细讲究，面条精细均匀，色泽鲜亮劲道。2000年她以家庭传承的蒿子面技艺为基础创办了振玲蒿子面品牌。2014年筹建了振玲蒿子面加工厂及传承培训中心，不仅使蒿子面进入千家万户，还带动身边百余名妇女学本事、再就业。

2017年被认定为自治区级非物质文化遗产项目代表性传承人。

张伟中

传统技艺·枸杞传统栽培技术

张伟中，1948年出生，宁夏中卫市中宁县人。他的祖辈代代种植枸杞，他是第四代传承人。他在枸杞栽培技术方面遵循传统枸杞栽植技术，同时又有所创新。他在父亲张佐汉"三层楼修剪法"基础上，不断适应新品种变化，逐步完善形成了张氏修剪法。该修剪法使枸杞树每层枝条都得到充足的光照，从而实现枝叶旺、挂果多、产量高。该修剪法不仅得到了广大杞农的认可，也得到了自治区农科院的肯定。他帮助农科院技术人员试种"宁杞9号""宁杞10号"等新品种，总结枸杞生长特性、种植修剪要领及技巧，无偿分享给农科院技术人员，在推广枸杞新品种方面作出了积极贡献。

2017年被认定为自治区级非物质文化遗产项目代表性传承人。

崔仁

传统技艺·原州民间古建筑技艺

崔仁，1942年出生，宁夏固原市原州区人。他自幼喜爱绘画、书法、篆刻等，1962年拜师谢福林、赵正祥学习木工、瓦工技艺。经过几十年的磨炼，他走遍了固原的每一处古建基地，并且熟练掌握运用古建筑榫卯结构、古建筑彩绘技艺及古建筑雕刻技艺。1985年参与建造了固原市小西湖大门、游廊、假山单檐六角亭；1997年设计建造了固原东岳山三间四柱七顶牌楼；1998年修复了固原和平门、靖朔门；2005年设计、监督完成了东岳山孔子大成殿工程；2007年参与了固原文澜阁文物修缮工程；2016年带领徒弟马振仁、马建新、马生财及徒孙胡伟容对固原古城墙进行了丈量、绘图，为研究固原古城留下了宝贵的历史资料。

2017年被认定为自治区级非物质文化遗产项目代表性传承人。

陈 堃 | 传统医药·陈氏回族医技十法

陈堃，回族，1964年出生，宁夏吴忠市人。他继承祖业，自幼随父亲陈卫川上山采药，学习种植药材、中药炮制技术。后在父亲的传授指导下习读中医经典，打下了深厚的中医理论基础。他先后在中国中医科学院、针灸研究所、北京大学第四临床医学院、积水潭医院进修。在吴忠市医院从事中医临床、针灸、康复工作中，于2005年创建吴忠市康复专科医院，传承推广陈氏医技，并参与编写了多部医药著作。

2017年被认定为自治区级非物质文化遗产项目代表性传承人。

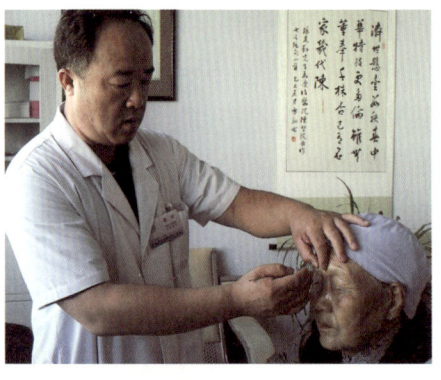

郭锐

民俗·高台马社火

郭锐，1964年出生，宁夏吴忠市红寺堡区人。他出生在高台马社火之乡固原隆德县，1984年跟随父亲学习高台马社火的制作和演出，逢年过节在隆德县奠安乡旧街村装饰高台、马社火，他尤其擅长高台主心骨架焊接、彩车框架搭建、扎制纸花装饰等。1998年搬迁至吴忠市红寺堡区，在当地开始传承传播高台马社火艺术。作品《锣鼓队》《天女散花》《赶毛驴》《锣鼓队》《孙悟空盗扇》《红旗方队》《唐明皇夜游宫园》等在红寺堡区社火展演中获得一等奖；《关羽挑袍》《五虎上将》在红寺堡区社火展演中荣获特等奖。

2017年被认定为自治区级非物质文化遗产项目代表性传承人。

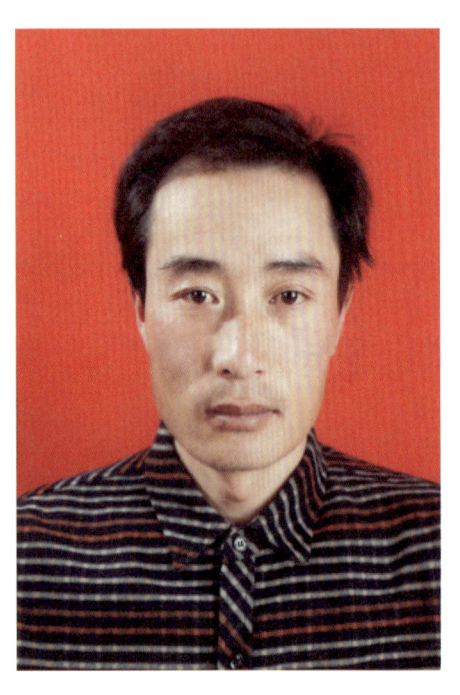

梁鸽飞 民俗·高台马社火

梁鸽飞，1974年出生，宁夏固原市隆德县人。梁氏家族社火艺术第五代传承人。他自幼跟随父亲观看、学习高台马社火艺术，受到父亲梁尔敦、本村张文德等老艺人的亲自传教，扎实掌握了戏剧脸谱化妆、高台马社火制作及编导。近些年来，他以现代焊接工艺和力学理论知识为指导，利用声光电等现代科技手段，设计制作的高台社火坚固安全，构思奇妙新颖，风格大胆夸张。2010年以来，他致力于六盘山区民间社火艺术的理论发掘保护，广泛搜集整理民间社火资料，制作高台马社火实物模型，并整理编撰了《六盘山区民间社火脸谱》。

2017年被认定为自治区级非物质文化遗产项目代表性传承人。

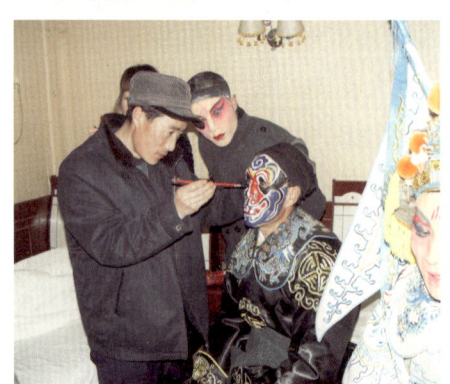

附 录

宁夏回族自治区
文化厅文件

宁文通发〔2010〕41号

关于公布第二批自治区级非物质文化遗产项目代表性传承人的通知

各市、县（区）文化局，厅直有关单位：

根据国务院办公厅《关于加强我国非物质文化遗产保护工作的意见》（国办发〔2005〕18号）和《宁夏回族自治区非物质文化遗产保护条例》精神，为有效保护自治区级非物质文化遗产，鼓励和支持自治区级非物质文化遗产项目代表性传承人开展传习活动，2009年自治区文化厅开展了第二批自治区级非物质文化遗产项目代表性传承人的申报和评审工作。按照自治区文化厅《关于印发宁夏回族自治区非物质文化遗产项目代表性传承人认定与管理暂行办法的通知》（宁文发〔2008〕92号）的要求，经过各地申报、专家评审、公示复核，最终确定民间音乐、民间舞蹈、民间美术、曲艺、民俗、传统医药、传统手工艺、杂技与竞技等八大类62人为第二批自治区级非物质文化遗产项目代表性传承人。

自治区级非物质文化遗产项目代表性传承人掌握着非物质文化遗产知识和精湛技艺，既是非物质文化遗产活的宝库，又是非物质文化遗产代代相传的代表性人物。各地、各部门要认真贯彻"保护为主、抢救第一、合理利用、传承发展"的工作方针，鼓励和支持自治区级非物质文化遗产项目代表性传承人开展传习活动，切实做好非物质文化遗产的保护传承工作。

附件：第二批自治区级非物质文化遗产代表性传承人名单

二〇一〇年五月二十日

附件：

第二批自治区级非物质文化遗产代表性传承人名单

（共计 62 名，排名不分先后）

项目名称：回族民间器乐

景国孝（银川市）	男	1941 年出生	回族
马义珍（灵武市）	男	1964 年出生	回族
丁生林（同心县）	男	1968 年出生	回族
温生科（泾源县）	男	1949 年出生	回族

项目名称：回族山花儿

吕秀峰（原州区）	男	1937 年出生	汉族
马成福（原州区）	男	1963 年出生	回族
张建军（盐池县）	男	1964 年出生	汉族
赵福朝（泾源县）	男	1951 年出生	回族
王德勤（吴忠市）	女	1953 年出生	回族
杨登清（同心县）	男	1943 年出生	回族
杨生旺（海原县）	男	1955 年出生	回族
罗发军（海原县）	男	1984 年出生	回族
妥　艳（海原县）	女	1966 年出生	回族
马占昌（泾源县）	男	1962 年出生	回族
马少云（西吉县）	男	1959 年出生	回族（东乡族）
冶春英（海原县）	女	1952（1963）年出生	回族

项目名称：舞狮

潘登基（海原县）	男	1946 年出生	汉族
刘名滋（中宁县）	男	1936 年出生	汉族

项目名称：舞龙

霍继良（中卫市）	男	1941 年出生	汉族

项目名称：回族踏脚

李光辉（泾源县）	男	1962年出生	回族

项目名称：皮影

安维汉（西吉县）	男	1938年出生	汉族
谢克选（西吉县）	男	1942年出生	汉族
史录仁（海原县）	男	1935年出生	汉族

项目名称：何家棍

何金德（吴忠市）	男	1939年出生	回族

项目名称：打梭

李成林（海原县）	男	1962年出生	回族

项目名称：民间绘画

王玉秀（隆德县）	女	1935年出生	汉族
杨晓梅（平罗县）	女	1964年出生	汉族

项目名称：剪纸

田彦兰（同心县）	女	1978年出生	回族
洪秀梅（银川市）	女	1951年出生	回族
周国霞（海原县）	女	1962年出生	汉族
伏兆凤（中卫市）	女	1963（1966）年出生	汉族
伏兆苗（中卫市）	女	1970年出生	汉族

项目名称：刺绣

姚占桂（西吉县）	女	1958年出生	回族
王淑萍（盐池县）	女	1967年出生	汉族
田志梅（海原县）	女	1947年出生	回族

项目名称：杨氏家族泥塑

杨贤龙（隆德县）	男	1977年出生	汉族

项目名称：擀毡

杨志堂（海原县）	男	1937年出生	回族
王玉成（镇北堡）	男	1952年出生	汉族

项目名称：回族汤瓶八诊

刘晨旭（旭晨）（银川市）	男	1959年出生	汉族

项目名称：张氏回医正骨

张金海（吴忠市）　　　　男　　　　1980年出生　　　　回族

项目名称：祭河神

霍继良（中卫市）　　　　男　　　　1941年出生　　　　汉族

项目名称：高台马社火

梁尔墩（隆德县）　　　　男　　　　1946年出生　　　　汉族

党国智（隆德县）　　　　男　　　　1949年出生　　　　汉族

项目名称：六盘山九龙莲花池祭祀民俗

陈连科（隆德县）　　　　男　　　　1947年出生　　　　汉族

项目名称：回族服饰

杨发祥（吴忠市）　　　　男　　　　1949年出生　　　　回族

项目名称：马鞍山甘露寺佛教音乐

释耀正（灵武市）　　　　男　　　　1964年出生　　　　汉族

项目名称：宁夏民间说唱

徐明智（银川市）　　　　男　　　　1954年出生　　　　汉族

项目名称：张家枪

张红（洪）安（吴忠市）　　男　　　　1949年出生　　　　回族

项目名称：回族武术——鱼尾剑

王　梁（银川市）　　　　男　　　　1962年出生　　　　回族

项目名称：杂技——飞叉

张树林（银川市）　　　　男　　　　1948年出生　　　　回族

项目名称：木雕

杨志忠（西吉县）　　　　男　　　　1940年出生　　　　回族

项目名称：砖雕

魏世祥（隆德县）　　　　男　　　　1927年出生　　　　汉族

项目名称：隆德民间社火脸谱

苏维童（隆德县）　　　　男　　　　1945年出生　　　　汉族

项目名称：老毛手抓羊肉制作技艺

毛　强（吴忠市）　　　　男　　　　1948年出生　　　　回族

项目名称：羊皮筏子制作技艺

高　勇（中卫市）　　　　男　　　　1945年出生　　　　汉族

项目名称：羊羔酒酿造技艺

唐世俊（灵武市）　　　　　男　　　　1950 年出生　　　汉族

项目名称：贺兰砚制作技艺

闫森林（银川市）　　　　　男　　　　1952 年出生　　　汉族

陈梅荣（银川市）　　　　　女　　　　1946 年出生　　　汉族

项目名称：陈氏回族医技十法

陈卫川（吴忠市）　　　　　男　　　　1939 年出生　　　回族

项目名称：同心莲花山青苗水会

张庆明（同心县）　　　　　男　　　　1949 年出生　　　汉族

项目名称：隆德民间祭山

张忠智（隆德县）　　　　　男　　　　1952 年出生　　　汉族

项目名称：中卫香山水会

张万宝（中卫市）　　　　　男　　　　1938 年出生　　　汉族

宁夏回族自治区
文化厅文件

宁文通发〔2013〕58号　　　　　　　　　　　　签发人：王正儒

关于公布第三批自治区级非物质
文化遗产项目代表性传承人的通知

各市、县（区、市）文化局，厅属有关单位：

  为扎实推进自治区级非物质文化遗产保护传承，根据《中华人民共和国非物质文化遗产法》和《宁夏回族自治区非物质文化遗产项目代表性传承人认定与管理暂行办法》，自治区文化厅通过各地申报，专家评审，社会公示等程序，确定唐祥等56名同志为第三批自治区级非物质文化遗产项目代表性传承人，现予公布。

  自治区级非物质文化遗产项目代表性传承人是非物质文化遗产的主要承载者和传递者，是活态传承的代表性人物，各市、县（区、市）有关部门要按照有关规定，鼓励支持自治区级非物质文化遗产项目代表性传承人开展传承和传播活动，为有效保护自治区级非物质文化遗产，弘扬中华民族优秀传统文化，作出更大的贡献。

  附件：第三批自治区级非物质文化遗产项目代表性传承人名单

宁夏回族自治区文化厅
二〇一三年六月四日

附件：

第三批自治区级非物质文化遗产项目代表性传承人名单

项目名称：宁夏回族山花儿

唐　祥	男	1957.03 出生	汉族	（银川市）
杨生财	男	1954.03 出生	回族	（海原县）
张正国	女	1959.07 出生	汉族	（海原县）
撒丽娜	女	1986.07 出生	回族	（宁夏非遗中心）
金文忠	男	1973.03 出生	回族	（宁夏非遗中心）
马学军	男	1982.02 出生	回族	（宁夏非遗中心）
王德贤	男	1940.12 出生	土族	（贺兰县）
马志学	男	1962 出生	回族	（固原原州区）
马得荣	男	1976.10 出生	回族	（固原市）
张　滢	女	1967.12 出生	回族	（泾源县）

项目名称：宁夏回族民间器乐

何生兰	女	1953.04 出生	回族	（海源县）

项目名称：宁夏民间说唱

陈公东	男	1947.10 出生	汉族	（银川市）

项目名称：舞狮

李丰春	男	1946.05 出生	汉族	（中宁县）
张正洪	男	1944.12 出生	汉族	（中宁县）
魏　银	男	1946.01 出生	汉族	（吴忠市利通区）

项目名称：舞龙

朱兴龙	男	1935.08 出生	汉族	（吴忠市利通区）

项目名称：隋唐秧歌

蒋汉清	男	1966.01 出生	汉族	（中宁县）

项目名称：黄羊钱鞭

刘秉国	男	1957.10 出生	汉族	（中宁县）

项目名称：高跷

| 辛昌盛 | 男 | 1983 出生 | 汉族 | （隆德县） |

项目名称：皮影

| 王绍西 | 男 | 1965.04 出生 | 汉族 | （银川市） |

项目名称：秦腔

| 杜学明 | 男 | 1946.12 出生 | 汉族 | （隆德县） |

项目名称：回族踏脚

| 马军文 | 男 | 1967.02 出生 | 回族 | （泾源市） |

项目名称：回族杨氏拳

| 杨文玺 | 男 | 1964.01 出生 | 回族 | （吴忠市利通区） |

项目名称：回族赶牛

| 于明付 | 男 | 1973.11 出生 | 回族 | （泾源县） |

项目名称：方棋

| 马金玉 | 男 | 1955.09 出生 | 回族 | （泾源县） |

项目名称：魔术——仙人摘豆

| 杨国强 | 男 | 1939.11 出生 | 汉族 | （银川市） |

项目名称：剪纸

折红旭	女	1952.03 出生	汉族	（石嘴山市）
赵玉梅	女	1959.01 出生	汉族	（平罗县）
王宪苓	女	1966.04 出生	汉族	（石嘴山惠农区）
井春霞	女	1966.09 出生	回族	（同心县）
田宝林	男	1956.03 出生	汉族	（吴忠市利通区）
陆梦蝶	女	1975.05 出生	汉族	（永宁县）
张淑芳	女	1962.10 出生	汉族	（西吉县）
兰元宝	女	1952.10 出生	回族	（隆德县）
王生贵	男	1966.07 出生	汉族	（隆德县）
于淑（福）琴	女	1964 出生	回族	（泾源县）
张金霞	女	1960.06 出生	汉族	（彭阳县）

项目名称：刺绣

| 于宝（包）宝（包） | 女 | 1963.06 出生 | 回族 | （银川市西夏区） |
| 李凤琴 | 女 | 1967.01 出生 | 汉族 | （银川市兴庆区） |

赵秀霞	女	1961.03 出生	汉族	（同心县）
卢惠琴	女	1968.09 出生	汉族	（海原县）
刘成香	女	1944.04 出生	汉族	（固原市）
卜喜兰	女	1950.10 出生	汉族	（隆德县）

项目名称：六盘山木版年画

| 任振斌 | 男 | 1972 出生 | 汉族 | （宁夏非遗中心） |

项目名称：隆德魏氏家族砖雕

| 卜文俊 | 男 | 1958.01 出生 | 汉族 | （隆德县） |

项目名称：西吉民间砖雕

| 马凤（风）章 | 男 | 1966.08 出生 | 回族 | （西吉县） |

项目名称：民间绘画

| 吕具生 | 男 | 1962.10 出生 | 汉族 | （隆德县） |

项目名称：二毛皮制作

马志强	男	1981.08 出生	回族	（青铜峡市）
周永红	女	1962.09 出生	汉族	（盐池县）
丁耀（跃）成	男	1956.09 出生	回族	（永宁县）
丁永俊（和平）	男	1958.09 出生	回族	（银川市）

项目名称：六盘山抟土瓦塑

| 朱小平 | 男 | 1970 出生 | 汉族 | （固原原州区） |

项目名称：高台马社火

| 张国勤 | 男 | 1955.04 出生 | 汉族 | （隆德县） |

项目名称：民间故事

| 张跃政 | 男 | 1952.01 出生 | 汉族 | （平罗县） |

项目名称：春官词

| 王汉军 | 男 | 1957.07 出生 | 汉族 | （西吉县） |

项目名称：传统制剂

| 马颂华 | 男 | | 回族 | （吴忠市） |

宁夏回族自治区
文化厅文件

宁文通发〔2017〕40号　　　　　　　　　　　　　　　　签发人：阮教育

自治区文化厅关于公布第四批自治区级非物质文化遗产项目代表性传承人的通知

各市、县（区）文化局，厅直属有关单位：

　　为进一步加强我区非物质文化遗产传承人队伍建设，促进活态传承，鼓励和支持代表性传承人开展传习活动，根据《中华人民共和国非物质文化遗产法》和《宁夏非物质文化遗产项目代表性传承人认定与管理暂行办法》的规定，2016年底，自治区文化厅组织开展了第四批自治区级非物质文化遗产项目代表性传承人评审认定工作。经各地申报、专家评审、公示等程序，确定高尚忠等33名传承人为第四批自治区级非物质文化遗产项目代表性传承人，现予以公布。

　　自治区级非物质文化遗产项目代表性传承人是我区非物质文化遗产的重要承载者和传递者，掌握着非物质文化遗产的丰富知识和精湛技艺，是非物质文化遗产活态传承的代表性人物。各级文化部门、有关单位要认真贯彻落实《中华人民共和国非物质文化遗产法》和《宁夏回族自治区非物质文化遗产保护条例》，坚持"保护为主、抢救第一、合理利用、传承发展"的工作方针，鼓励和支持自治区级非物质文化遗产项目代表性传承人开展传习活动。各传承人要认真履行义务，积极开展传承活动，为全区非物质文化遗产保护工作作出新的更大的贡献。

　　附件：第四批自治区级非物质文化遗产项目代表性传承人名单

宁夏回族自治区文化厅
二〇一七年四月二十七日

附件：

第四批自治区级非物质文化遗产项目代表性传承人名单

(33人)

序号	项目	项目类别	姓名	性别	民族	出生日期	保护单位	申报地区
1	民间故事	民间文学	高尚忠	男	汉	1964.11	石嘴山市文化馆	石嘴山市
2	民间故事	民间文学	于清海	男	回	1970.9	泾源县文化馆	固原市泾源县
3	回族山花儿	传统音乐	李海军	男	回	1978.2	海原县文化馆	中卫市海原县
4	回族山花儿	传统音乐	禹明江	男	回	1952.6	泾源县文化馆	固原市泾源县
5	回族山花儿	传统音乐	苏正合	男	回	1947.1	隆德县文化馆	固原市隆德县
6	舞狮	传统舞蹈	魏学祥	男	汉	1964.6	吴忠市非遗中心	吴忠市
7	黄羊钱鞭	传统舞蹈	刘加祥	男	汉	1959.12	中宁县文化馆	中卫市中宁县
8	皮影	传统戏剧	魏善义	男	汉	1943.6	海原县文化馆	中卫市海原县
9	石嘴山宣卷	曲艺	杨汝清	男	汉	1942.8	石嘴山文化馆	石嘴山市平罗县
10	南营武术	传统体育游艺与杂技	牛银侠	女	汉	1970.4	青铜峡市非遗中心	吴忠市青铜峡市
11	六盘山木版年画	传统美术	任晓辉	女	汉	1968.4	自治区非遗中心	自治区
12	剪纸	传统美术	张云仙	女	汉	1964.1	银川二中教育集团	银川市兴庆区
13	刺绣	传统美术	李夏音	女	汉	1976.11	吴忠市非遗中心	吴忠市
14	刺绣	传统美术	赵秀兰	女	汉	1969.2	红寺堡区文化馆	吴忠市红寺堡区
15	民间绘画	传统美术	田坤	女	回	1970.3	同心县文化馆	吴忠市同心县
16	砖雕	传统美术	田义仁	男	回	1945.5	海原县文化馆	中卫市海原县
17	泥塑	传统美术	王永红	女	汉	1968.3	银川市贺兰县王氏泥塑工作室（有限公司）	银川市贺兰县

序号	项目名称	类别	姓名	性别	民族	出生年月	申报单位	所在地
18	泥塑	传统美术	侯思荣	男	汉	1956.8	中卫市文化馆	中卫市
19	杨氏家族泥塑	传统美术	杨贤雄	男	汉	1975.7	隆德县文化馆	固原市隆德县
20	古建筑彩绘技艺	传统美术	陈进德	男	汉	1960.4	中卫市文化馆	中卫市
21	赵氏木板雕花技艺	传统美术	赵荣	女	汉	1983.6	固原市群艺馆	固原市
22	贺兰砚制作技艺	传统技艺	张向东	男	汉	1968.9	自治区非遗中心	自治区
23	贺兰砚制作技艺	传统技艺	石飚	男	汉	1968.11	自治区非遗中心	自治区
24	贺兰砚制作技艺	传统技艺	郝延强	男	汉	1973.2	银川市西夏区文化体育旅游局	银川市西夏区
25	羊羔酒酿造技艺	传统技艺	唐震	男	汉	1976.12	宁夏灵州唐氏羊羔酒文化传承有限公司	灵武市
26	麻编	传统技艺	张璟	女	汉	1967.11	银川市高新技术工纺开发区巴鸟麻纺手	银川市金凤区
27	花灯扎制技艺	传统技艺	王国祥	男	汉	1943.2	红寺堡区文化馆	吴忠市红寺堡区
28	中宁蒿籽面	传统技艺	于振玲	女	汉	1968.9	中宁县文化馆	中卫市中宁县
29	枸杞传统栽培技艺	传统技艺	张伟中	男	汉	1948.1	中宁县文化馆	中卫市中宁县
30	原州民间古建筑技艺	传统技艺	崔仁	男	汉	1942.12	原州区文化馆	固原市原州区
31	陈氏回族医技十法	传统医药	陈堃	男	回	1964.7	吴忠市非遗中心	吴忠市
32	高台马社火	民俗	郭锐	男	汉	1964.1	红寺堡区文化馆	吴忠市红寺堡区
33	高台马社火	民俗	梁鸽飞	男	汉	1974.8	隆德县文化馆	

后 记

《宁夏非物质文化遗产项目代表性传承人名录》以图文的形式全面介绍宁夏非物质文化遗产代表性传承人，包括22名国家级非物质文化遗产项目代表性传承人和176名自治区级非物质文化遗产项目代表性传承人。作为宁夏非物质文化遗产保护工作10多年的成果，本书对传承人的文字介绍尽可能精准翔实，配合能够体现传承人现状、代表作品、项目特征的图片，力求达到图文并茂，成为具有资料价值的工具书。

本书在2012年《宁夏非物质文化遗产名录》基础上将传承人简介内容剥离，替换更新相关文字、图片，新增第三、第四批传承人图文资料。原始资料主要来源于全区各市县及有关单位上报的传承人申报推荐书及辅助材料，由宁夏非物质文化遗产保护中心对文字、图片作了修订和更新。全区各市县文化馆、非物质文化遗产保护中心的专干和有关工作人员在传承人普查、认定、保护工作中付出了辛勤劳动，做了大量基础性工作，部分项目的代表性传承人及项目的保护责任单位也热情地提供了相关资料，为本书的编撰提供了宝贵的第一手资料，以使本书所反映的图文尽可能丰满、真实。在此，我们谨向工作在我区非物质文化遗产保护工作一线的广大专干、群文工作者和非物质文化遗产传承人表示诚挚的感谢！

呈现在读者面前的这本《宁夏非物质文化遗产项目代表性传承人名录》是我区开展非物质文化遗产保护工作10多年来工作成果的结晶，得到了自治区文化厅领导的高度重视和直接指导。黄河出版传媒集团宁夏人民教育出版社领导和编辑大力协助本书的编纂出版，谨在此致以衷心的感谢！由于非物质文化遗产保护工作的动态性所致，相关介绍难免疏漏和错误，期望得到广大读者的理解与指正。

《宁夏非物质文化遗产项目代表性传承人名录》编委会
二〇一八年六月